体 感 ス ポ ッ ト ガ イ ド

平式部と源氏物語

ゆかりの地をめぐる

紫野54 チーム月影 編

目次

データの見方

アイコン説明 　☎…電話番号　🏠…所在地　🕐…営業時間　🈲…休業日
💴…料金　✕…アクセス　🅿…駐車場の有無

ミュージアム

体験

グルメ

おみやげ

ご利用にあたって

※本書の掲載情報は2023年11月現在のものです。その後、各施設の都合により変更される場合がありますので、予めご了承ください。
※営業時間は特記以外原則として開館～閉館です。また、年末年始や臨時休業を省略している場合がありますので、おでかけ前にご確認いただくことをおすすめします。
※アクセスの所要時間はあくまで目安としてお考えください。
※掲載している金額は原則として一般料金、一部を除き税込価格です。

表紙：紫式部（鳥居清長筆、東京国立博物館蔵）
ColBase(https://colbase.nich.go.jp/collection_items/tnm/A-10569-778?locale=ja)を加工して作成

はじめに

日本人であれば、『源氏物語』を読んだことはなくとも、知らない人はいないのではないだろうか。作者は紫式部。平安時代の風俗や権力闘争を織り交ぜながら、光源氏の恋の遍歴を描いた長編恋愛小説である。

執筆したのは西暦1000年ごろといわれる。藤原道長が絶頂期を迎えた時代であった。

紫式部という呼び名は、役職名に由来する。当時は女性の名前を明らかにするのはタブーであり、姿を見るのも御簾越しに限られていたという。紫式部の本名は今も分かっておらず、生没年も不詳。『源氏物語』の執筆年も、さまざまな資料を基にした推測である。

紫式部の父親は、漢詩人として知られる藤原為時。式部省に勤める式部丞で、長徳2（996）年、国司として娘（紫式部）と息子・惟規を連れ、越前国に赴いている。

紫式部は少女時代から学識豊かであった。為時が惟規に漢籍を教えていると、そばで聞いていた紫式部の方が先に覚えてしまい、為時は「この子が男であったら」と嘆いたという。

後に、藤原道長の娘の彰子が一条天皇の中宮になった時に、道長は紫式部を女房の一人として採用した。『源氏物語』で評判だったからといわれている。

004

彰子の女房を務めた同僚に和泉式部らがいる。ちなみに清少納言は一条天皇のもう一人の中宮・定子の女房として後宮で働いていた。

紫式部は藤原家につながる貴族の家柄であったため、後宮に入った当初は、『源氏物語』の一部が完成した後のこと。光源氏の最愛の人であった「紫の上」にちなむという。

『源氏物語』の主人公である光源氏には、モデルがいるともいわれる。在原行平、その異母弟の業平。藤原道長も候補の一人である。いずれの人物も和歌の名手。紫式部もまた和歌を得意としていたから、3人のうち誰かがモデルになったとしても理解できる。だが、業平は880年代に、行平は890年代にすでに亡くなっており、紫式部とは生きた時代が違う。あれほど詳細に光源氏について書けるのは、もっと身近にモデルがいたからかもしれない。

『源氏物語』は単なる長編恋愛小説にとどまらず、平安時代の儀礼や風習、価値観などを知ることができる第一級の資料であり、その成立の過程には謎も多い。

本書では、紫式部や『源氏物語』ゆかりの地を紹介している。それらをめぐることで、日本初の女流作家・紫式部について、さらに、平安貴族の風習などについて、興味を持っていただければ幸いである。

年表で見る！紫式部の生涯

世界初の長編小説の作者として日本文学史に名を刻む紫式部。

生まれた年や亡くなった年について正確には分かっておらず、その生涯には謎も多い。

式部が手掛けた3作品、『源氏物語』『紫式部日記』『紫式部集』の紹介とともに、その一生を年表で見てみよう。

年次	西暦	紫式部に関する出来事	参考事項
長徳元年	970年代中頃	紫式部誕生	藤原道長が内覧、右大臣・左大臣に
長徳元年	995		
長徳2年	996	父・藤原為時の越前守赴任に伴い下向	藤原伊周・隆家、左遷
長徳3年	997	藤原宣孝との結婚に向けて帰京	一条天皇、出家した定子を復縁
長徳4年	998	宣孝と結婚	宣孝、左衛門権佐（さえもんのごんのすけ）、山城守に
長保元年	999	娘・賢子（後の大弐三位（だいにのさんみ））を出産	彰子、一条天皇に入内
			定子、敦康親王を出産
長保2年	1000		定子が皇后、彰子が中宮に
			定子崩御
長保3年	1001	夫・宣孝が亡くなる	為時、帰京
		この後1年ほどを経て『源氏物語』の執筆を開始	
		全54帖におよぶ長編小説。主人公・光源氏とその息子・薫の恋愛模様を軸に、貴族社会のさまざまな人間模様を描く。	

和暦	西暦	紫式部に関するできごと	関連するできごと
寛弘3年	1006	中宮・彰子のもとに宮仕えを開始（寛弘元、2年とする説もある）翌年5月まで自宅に引きこもる	道長、法性寺（ほっしょうじ）の五大堂を建立
寛弘5年	1008	彰子に中国の詩文集『白氏文集』の「新楽府（しんがふ）」を進講	彰子、敦成親王（あつひら）を出産
寛弘6年	1009	一条天皇が『源氏物語』を読み評価	和泉式部、彰子に出仕／彰子、敦良親王（あつなが）を出産
寛弘7年	1010	『紫式部日記』を執筆か　彰子の出産について記録したもの。皇子誕生を待ちわびる道長、彰子、女官ら、宮中の様子のほか、清少納言や和泉式部など同僚女房らの批評が書かれている。	
寛弘8年	1011		一条院崩御／父・為時が越後守に／弟・惟規（のぶのり）が父の任地で亡くなる
長和2年	1013	『紫式部集』を編集　自身が詠んだ和歌約130首を収めた歌集。少女時代から晩年頃まで生涯をたどるようにまとめられ、当時の紫式部の内面がうかがえる。	紫式部の同僚で、親友である小少将（こしょうしょう）の君が亡くなる
長和3年	1014	死去の説あり	為時、越後守を辞して帰京
寛仁3年	1019	この年まで彰子に宮仕えしたという説も。以降の資料なし	

紫式部と関わりの深い人々

◇ 紫式部
むらさきしきぶ

子どもの頃から漢文に親しみ、長じては優れた歌人として知られるようになった。その才能を知った藤原道長が、一条天皇の后となった娘・彰子の世話係兼教育係として採用したと伝わる。『源氏物語』は、紫式部が後宮の女房になる以前から執筆が始まったと考えられている。

◇ 藤原宣孝
ふじわらののぶたか

紫式部の夫。式部より20歳くらい年上で数人の妻と子どもがいたが、長徳4（998）年に式部と結婚。宣孝は結婚からわずか2年余りで亡くなった。

◇ 藤原為時
ふじわらのためとき

紫式部の父。越前守に任じられた能吏であり、和歌の名手かつ漢学者としても知られる。娘の紫式部を伴って越前国へ赴任したが、式部は先に京に戻った。晩年に三井寺にて出家した。

『源氏物語』は西暦一〇〇〇年前後に書かれたといわれており、平安時代の宮廷文化があでやかに描かれている。ここでは作者の紫式部と、彼女を取り巻く主な人々を紹介しよう。

◈ 藤原道長
ふじわらのみちなが

自らが詠んだ和歌「望月の歌」で知られる、当時の最高権力者。長女・彰子を一条天皇に入内させ、紫式部はじめ才女らを女房にした。彰子の皇子を天皇につけ、その外祖父として権力を手にし、藤原家の全盛期を築いた。

◈ 一条天皇
いちじょうてんのう

第66代天皇。円融天皇の第1皇子で、母は藤原兼家の娘・詮子（せんし）。7歳の時に即位し、兼家らが摂政として補佐。25年間在位した。学問に造詣が深く、『源氏物語』の読者でもあったという。

◈ 藤原定子
ふじわらのていし

藤原道隆の娘。一条天皇の中宮だったが、長保2（1000）年、第3子の出産後に亡くなった。同年、道隆の弟である道長の長女・彰子が中宮となり、道長の権勢が高まっていく。

◈ 藤原彰子
ふじわらのしょうし

藤原道長の長女。長保元（999）年に一条天皇の女御（にょうご）として宮中に入り、その翌年に中宮となった。2人の皇子を産み、それぞれ後一条天皇と後朱雀天皇として即位している。

◈ 和泉式部
いずみしきぶ

中宮・彰子に仕えた女房の1人。歌集『和泉式部集』や『和泉式部日記』を著した。

◈ 清少納言
せいしょうなごん

中宮・定子の女房で随筆『枕草子』の作者。紫式部はあまり評価していなかったようだ。

◈ 赤染衛門
あかぞめえもん

中宮・彰子に仕えた女房の1人。優れた和歌の詠み人で歌集『赤染衛門集』が残されている。

平安京マップ

平安京を一望できる船岡山を基準点にし、南の延長線上に朱雀大路を通した

天皇が暮らす内裏から見て、右が右京、左が左京。左京の北部に人々が集まった

東寺は再建され、現存する唯一の平安京の遺構といわれる

約400年続いた京の都

　平安京は延暦13（794）年に桓武天皇が定めた都で、現在の京都市にあたる場所にあった。東西約4.5km、南北約5.2kmの広大な敷地に、唐の都・長安をモデルにして、左右対称、碁盤の目状に街が整備された。南北に走る朱雀大路（現在の千本通に一部重なる）を中心軸に、西側を右京、東側を左京と呼んだ。右京は湿地が多く農村化した一方、左京は繁栄し、特に北部に有力貴族の多くが居住したという。朱雀大路の南端に、平安京の入り口である羅城門があり、その西に西寺、東に東寺が平安京鎮護のため建立された。なお現在の京都御所（P.50）は、もとは内裏が火災に見舞われた際に仮住まいする「里内裏（さとだいり）」の一つで、当初の内裏の2kmほど東にある。

王朝文化の中心地
大内裏（平安宮）

　平安京の北部中央には大内裏（平安宮）が築かれた。現代でいう皇居で、天皇の住まいである内裏のほか、国家的行事を行う朝堂院、その正殿である大極殿、宴会を行う豊楽院などの諸官庁があった。広さは東西約1.2km、南北約1.4km。外周は大垣で囲まれており、朱雀大路の北端にある朱雀門（現在の二条駅付近）が大内裏の入り口だった。

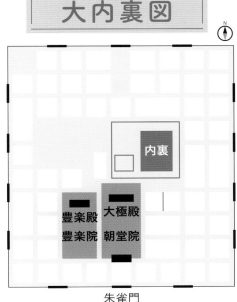

大内裏図

内裏

豊楽殿
豊楽院

大極殿
朝堂院

朱雀門

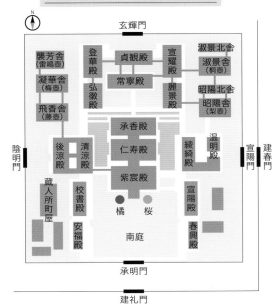

内裏図

玄輝門

襄芳舎（雷鳴壺）
凝華舎（梅壺）
飛香舎（藤壺）

登華殿
弘徽殿

貞観殿
常寧殿

宣耀殿
麗景殿

淑景北舎
淑景舎（桐壺）
昭陽北舎
昭陽舎（梨壺）

承香殿
仁寿殿
紫宸殿

後涼殿
清涼殿

綾綺殿

温明殿

蔵人所町屋
校書殿
安福殿

橘　桜

南庭

宣陽殿
春興殿

陰明門

宣陽門
建春門

承明門

建礼門

天皇や皇后のほか
女官が暮らした内裏

　内裏は大内裏の中央東寄りにあり、東西約220m、南北約300mの広さがあった。即位など主な儀式を行う正殿・紫宸殿や、天皇が日常生活を送る清涼殿など、十七殿五舎の建物がほぼ左右対称に立ち並び、渡り廊下で連結されていた。

　その内、後方の七殿五舎は後宮といい、天皇の皇后や妃、内親王と彼女らに仕える女官が暮らした。后妃の多くは殿舎を割り当てられるが、清涼殿に近い場所ほど重要視され、弘徽殿や飛香舎は特に位の高い妃の在所だった。

　※平安京マップ、大内裏図、内裏図は京都の文化遺産ホームページなどを参考に作成

◆ 後宮で暮らす女性たち

出産後の中宮・彰子、親王を抱く彰子の母・北の方、父・道長が描かれている。
紫式部日記絵巻断簡（東京国立博物館蔵）

　後宮には、天皇の后妃、皇太后、内親王やその世話をする女官らが暮らした。平安時代中期の后妃には、皇后（中宮）、女御、更衣の順に位があった。皇族や大臣の娘が女御となり、その中から皇后が1人だけ選ばれた。天皇の寵愛を受けるため、后妃には才知や教養が必要であり、そのために有能な女房が集められた。

　後宮には、後宮十二司という役所が定められており、それに属する公的な女房のほか、貴人に私的に仕える女房もいた。紫式部のように、后妃に仕える女房は「宮の女房」と呼ばれた。その仕事には、中宮の話し相手や食事の給仕といった身の回りの世話、訪問する貴族の接待や取り次ぎ、勉学を教える御進講などがあり、高い社交性や才知が必要とされた。

皇后	天皇の正妻で、中宮ともいう。位階が四品以上の内親王のみに資格があったが、のちに皇族以外から立てられる例も出てきた。
女御	皇族や大臣の娘がなり、天皇の寝床に侍した。女御は複数人おり、その中から皇后が一人選ばれる。
更衣	位の低い貴族（大納言以下）の娘がなった。もとは天皇の着替えを担当する女官だったが、居室や寝室など天皇の身近に仕えるため、寵愛を受けることもあった。

◆ 道長により出仕に導かれた紫式部

平安時代、天皇の外戚になることで政治的に権力を握ったのが藤原氏である。藤原道長は、一条天皇の中宮だった定子（道長の兄・道隆の娘）を皇后とし、長女・彰子を中宮として入内させた。本来中宮は皇后の通称だったが、中宮と皇后を分けたことで、1人の天皇に2人の后が立ち並ぶことになった。彰子を天皇の寵愛を得る女性にしたいと考えた道長は、『源氏物語』で評判を得ていた紫式部を女房としてスカウトしたという。

紫式部は、当初宮仕えに前向きでなかったというが、周囲の説得もあり出仕を決意。ところが、同僚女房たちに警戒されいじめられて、すぐに里下がりしてしまう。同僚からの手紙を受けて復帰した際は、おっとりとした人を演じて皆に受け入れられたという。

宮仕えの様子は『紫式部日記』につづられている。道長から彰子の出産を記録するよう命じられたものとみられ、寛弘5（1008）年7月から寛弘7（1010）年の正月まで、出産を待ちわびる彰子や道長、女官らの様子や、出産祝いの行事の一部始終などが書かれている。

高い教養を持つ女房が集まった後宮では、后を中心にした文化サロンが生まれ、王朝文化の発信地となった。一条天皇の治世、定子のもとには清少納言らが出仕し、彰子のもとには、紫式部のほか、和泉式部や赤染衛門、伊勢大輔など女流文化人が出仕しサロンを形成した。『紫式部日記』には、同僚の批評や、貴族たちが彰子サロンを批判して定子サロンを懐かしむのを耳にして感じた式部の悔しさなどが書き連ねられている。

彰子サロン

彰子自身が遠慮がちな性格で、
サロンも地味で消極的な雰囲気。

中宮 彰子　　　　紫式部

和泉式部　　　　赤染衛門ほか

定子サロン

貴族らが絶え間なく訪れ
華やかな空気が流れる。
定子没後も貴族らが懐かしんだ。

中宮 定子　　　　清少納言ほか

平安時代の年中行事

平安時代には一年を通して多数の行事が執り行われ、
紫式部ら後宮の女性たちも行事に参加した。主な行事を紹介しよう。

◇ 主な年中行事一覧

月	行事	月	行事
1月	四方拝、白馬節会、踏歌節会	7月	七夕、盂蘭盆会、相撲節会
2月	祈年祭、春日祭	8月	月見の宴、駒牽
3月	上巳祓、曲水宴、石清水臨時祭	9月	重陽宴
4月	更衣、灌仏会、賀茂祭（葵祭）	10月	更衣、亥子餅
5月	端午節会、競馬	11月	新嘗祭、豊明節会、五節、賀茂臨時祭
6月	祇園御霊会、水無月祓（大祓）	12月	御仏名、大祓、追儺

賀茂祭（葵祭）

かものまつり（あおいまつり）

上賀茂神社・下鴨神社で現在も行われる例祭。斎王代をはじめ大勢の人々が行列を成し、京都御所から下鴨、上賀茂神社までを練り歩く。平安時代に単に祭りといえば賀茂祭のことだった。

祇園御霊会

ぎおんごりょうえ

祇園社（現在の八坂神社）の祭礼で、疫病が流行した際に除災を祈願したのが始まり。鉾の巡業や芸能の奉納などがあり、多くの人でにぎわったという。現在も「祇園祭」として行われている。

「年中行事絵巻考 巻5」田中有美（国立国会図書館）

月見の宴

つきみのえん

8月の十五夜の月を眺める行事。宮中では詩歌・管弦の宴が開かれる。『源氏物語』「須磨」では、光源氏が月を眺めて涙する場面、「鈴虫」では、月の宴で冷泉院と対面する場面が描かれる。

新嘗祭

しんじょうさい（にいなめさい）

収穫祭が宮廷化したもの。さまざまな祭祀や、豊明節会という宴が行われ、女性たちが天女のように舞う「五節の舞」などが披露される。紫式部も五節の舞を見たことを日記につづっている。

紫式部 ゆかりの地

紫式部が人生の大半を過ごした京都、
『源氏物語』起草の伝説が伝わる大津、
生涯で都を離れた唯一の地である越前など
ゆかりの地を一挙に紹介。
各地の体験・おみやげ情報も
要チェック!

現在の廬山寺がある「中川のあたり」で育ったという紫式部。結婚生活を送り、娘を育て、『源氏物語』の大半を執筆したのもこの場所だ。中宮・彰子に仕えた紫式部にとって、職場でもあった京都の地。故地をめぐって、その人生をたどってみよう。

京都府京都市

紫式部が暮らした邸宅跡に立つ

廬山寺

ろざんじ

　比叡山天台18世座主・元三大師良源によって天慶年間（938〜947年）に創建された。かつては船岡山（京都市北区）の南にあったが、寛元3（1245）年に船岡山の南麓に移り、廬山天台講寺と号した。その後、度重なる火災に見舞われたこともあり、現在地に移転したという。紫式部の邸宅があった場所ともいわれており、本堂前には「源氏庭」が整備されている。白砂と苔に彩られたこの庭は、平安時代をイメージした造り。紫式部にちなんで紫の桔梗が植えられており、6月末から9月初めにかけて見頃を迎える。

絵巻や貝合わせなど、『源氏物語』にまつわる美術品を本堂に展示。

右／桔梗が見頃を迎えた源氏庭。足元は白砂に覆われ、庭全体に気品が漂う。
左／紫式部邸宅跡を記念する顕彰碑。昭和40(1965)年、源氏庭の作庭とともに立てられた。

1.山門を抜け、元三大師堂の脇を通ると本堂に至る。2.紫式部と娘・大弐三位(だいにのさんみ)の和歌が刻まれた歌碑。本堂・源氏庭へ入る受付付近に立つ。

DATA ☎ 075・231・0355 住 京都府京都市上京区寺町通り広小路上る北之辺町397 営 9:00〜16:00 休 1/1、2/1〜2/9 料 一般500円 交 京阪電車、叡山電車「出町柳」駅から徒歩約15分 駐 あり

氏神とあがめ愛した地

大原野神社

おおはらのじんじゃ

　延暦3(784)年、桓武天皇が都を平城京から長岡京へと遷都した際に創建された。藤原氏の氏神である春日大社(P.90)の神々を祀っているため、「京春日」とも言われる。長岡京が平安京へと遷都した後も、朝廷の厚い保護を受け続けた。

　寛弘2(1005)年には、中宮・彰子がこの社に行啓した。藤原道長や紫式部がお供をし、その行列は豪華絢爛であったと記録に残る。紫式部自身も大原野神社を氏神とあがめ、大原野の地を深く愛していたという。都を離れ越前で暮らした際には、この社が鎮座する小塩山を懐かしんで和歌に詠んでいる。

1.神域は8万㎡以上あり、そのうち約6万6000㎡が緑の林になっている。2.本殿前にある三の鳥居。3.手水舎。境内には若宮社、境外には樫本神社など摂社・末社が多く鎮座する。

DATA ☎075・331・0014 ㊟京都府京都市西京区大原野南春日町1152 ⏰境内自由(社務所は9:00〜17:00) ㊡なし ㊋境内無料 ㊌JR「向日町」駅からバスで約20分、バス停「南春日町」から徒歩約8分 ㊟あり(有料)

『源氏物語』「行幸（みゆき）」には大原野へ向かう冷泉帝の行列の様子が描かれている。

一間社春日造の本殿は京都市指定有形文化財。

現在は観音堂と門だけが残る大徳寺の門外塔頭の一つだが、かつては紫野一帯を占める大寺院だった。

真珠庵（P.21）や
紫式部墓所（P.23）まで
徒歩約7分、
引接寺（P.22）まで徒歩約15分。
歩いてめぐることができます。

紫式部

DATA ☎ 075・431・1561 住 京都府京都市北区紫野雲林院町23 営 7:00〜16:00 休 なし 料 境内無料 交 京都市営地下鉄「北大路」駅からバスで約5分、バス停「大徳寺前」から徒歩約2分 駐 なし

京都府京都市

『源氏物語』に登場する紫野の寺院

雲林院

うんりんいん

　平安時代初期、淳和天皇の離宮・紫野院として平安京の北のはずれに建てられたのが始まり。古来、桜や紅葉の名所として知られ、歌に詠まれることが多かった。貞観11（869）年に寺院に改められた。『源氏物語』「賢木」には、桐壺院が崩御したあと、藤壺に迫って拒まれた光源氏が同寺に参籠したと記されている。紫式部自身も信仰したといわれている。応仁の乱により焼失。現在の雲林院は宝永年間（1704〜1711年）に大徳寺の門外塔頭として再建されたものだ。

1. 国指定名勝の庭園「七五三の庭」が有名だが、玄関の飛び石も七五三の配置。2. 手前が室町時代中期の茶人・村田珠光（じゅこう）愛用の手水鉢で、奥が紫式部の産湯に使われたという井戸。

DATA ☎ 075・492・4991 🏠 京都府京都市北区紫野大徳寺町52 🕐 9：00〜16：00（通常非公開）🛑 不定休 💴 一般2000円 🚃 京都市営地下鉄「北大路」駅からバスで約5分、バス停「大徳寺前」から徒歩約7分 🅿 あり（有料）

■ 京都府京都市

「紫式部産湯の井戸」が現存

真珠庵

しんじゅあん

　永享年間（1429〜1441年）に一休宗純を開祖として創建。応仁の乱によって焼失したが、延徳3（1491）年に堺の豪商・尾和宗臨（お わ そうりん）が再興。現在は臨済宗大徳寺派の大本山である大徳寺の塔頭（たっちゅう）の一つだが、平安時代は雲林院（P.20）の敷地内にあった。紫式部は雲林院のある紫野で生まれ育ったといわれており、同庵には紫式部が産湯に使ったと伝わる井戸が残されている。通常、真珠庵は一般には非公開だが、毎年春と秋に行われる大徳寺の塔頭寺院の特別公開で公開されることもある。

1.現在の閻魔法王像は長享2（1488）年に再現安置されたもの。2.高さ6mの紫式部供養塔。国の重要文化財。

DATA ☎ 075・462・3332 🏠 京都府京都市上京区千本通蘆山寺上ル閻魔前町34 🕙 9：00〜17：00 休 なし 料 境内無料 交 JR・近鉄・京都市営地下鉄「京都」駅からバスで約70分、バス停「乾隆校前」から徒歩約2分 🅿 あり

🏯 京都府京都市

あの世とこの世をつなぐ場所

引接寺

いんじょうじ

　平安時代、小野篁が自ら閻魔法王の姿を建立した祠が始まりで、「千本ゑんま堂」の名で親しまれている。朱雀大路（現在の千本通）の北側に位置するこの辺りは、平安京三大葬送地の一つ、蓮台野の入り口で、あの世へ通じる場所と考えられていた。石仏や卒塔婆が数多くあったことから「千本」の地名が残ったといわれている。

　境内には紫式部の供養塔がある。式部のあの世での不遇な姿を見て、成仏させるために至徳3（1386）年、円阿上人が建立したと伝わる。

1. 小さな墓石と墳丘があるのみだが、多くの人がお参りに訪れている。2. 入口には小野篁と紫式部の墓所を示す石碑が立つ。秋になると敷地内にムラサキシキブの美しい紫色の実がなる。

DATA ☎ 075・492・6010（芳春院）住 京都府京都市北区紫野西御所田町 営 休 料 見学自由 交 京都市営地下鉄「北大路」駅からバスで約4分、バス停「北大路堀川」から徒歩約2分 P なし

小野篁と共にひっそりと眠る

紫式部墓所

むらさきしきぶぼしょ

　雲林院（P.20）の東側、堀川通から少し入った場所に小野篁（おのの たかむら）の墓と隣接して建てられている。2人の墓が並んでいる理由は、歴史物語『今鏡』に「紫式部が色恋の作り話で人心を惑わしたため地獄に堕とされた」という記述があり、小野篁が紫式部を地獄から救ったからという説がある。

　紫式部の墓については、南北朝時代の『源氏物語』の注釈書である『河海抄（かかいしょう）』でも書かれており、その当時から、紫式部の墓がこの地にあったと古くから伝わっていたことが分かる。

紫式部も片岡社に参拝

上賀茂
神社

かみがもじんじゃ

　正式名称は賀茂別雷神社。神代
の昔に祭神・賀茂別雷大神が降臨
したと伝わり、天武天皇6(677)年
に賀茂神宮が造営され、現在の社
殿の礎が築かれた。本殿と権殿は国
宝に指定されており、約76万㎡の
広さを誇る境内は「古都京都の文
化財」の一つとして世界文化遺産に
登録されている。

　境内外には24の摂末社があり、
その一つが「片山御子神社」(通称・
片岡社)。賀茂玉依姫命を祀り、平
安の昔から縁結びなどの神様として
尊崇を集めてきた。『紫式部集』には
神社に関わる和歌と詞書がある。

「ほととぎす
声まつほどは　片岡の
もりのしづくに
立ちやぬれまし」と、
紫式部は片岡社について
詠んでいる。

1.境内摂社の片岡社。2.片岡社の縁結
びの絵馬。紫式部が描かれている。3.細殿
の前に盛られた「立砂」。本殿の背後にあ
る「神山」をかたどったもので、古代祭祀に
おける神の依り代。

DATA ☎ 075・781・0011 住 京都府京都市
北区上賀茂本山339 営 5:30〜17:00(楼門
内は8:00〜16:45) 休 なし 料 境内無料 交
JR・近鉄・京都市営地下鉄「京都」駅からバス
で約50分、バス停「上賀茂神社前」からすぐ 駐
あり(有料)

寛永5(1628)年造替の楼門。国指定重要文化財。その先には国宝の本殿と権殿がある。

平安時代の暮らしを体感

古典の日記念 ミュージアム
京都市 平安京創生館

こてんのひきねん きょうとしへいあんきょうそうせいかん

　京都市生涯学習総合センター「京都アスニー」内にある展示室で、平安京に関する模型などを展示している。見どころは1000分の1スケールの「平安京復元模型」。ほかにも大嘗祭などが行われた「豊楽殿復元模型」、白河上皇と鳥羽上皇ゆかりの「鳥羽離宮復元模型」などの展示や、狩衣(かりぎぬ)などの衣装を着られる体験コーナーもある。紫式部が生きた時代を知るには格好の施設だ。京都アスニーは平安時代の役所「造酒司(みきのつかさ)」倉庫跡にあり、建物の入り口前で跡地の見学もできる。

1.「鳥羽離宮復元模型」。奥には「平安京復元模型」がある。2.法勝寺の復元模型も展示。3.平安京の暮らしにふれる体験コーナーでは、記念写真も撮影できる。

DATA ☎075・812・7222 住京都府京都市中京区丸太町通七本松西入(京都市生涯学習総合センター) 営10:00〜17:00(最終入館16:50) 休火(祝日の場合は翌平日)、年末年始 料無料 交JR・京都市営地下鉄「二条」駅からバスで約5分、バス停「丸太町七本松」から徒歩約2分 駐あり(有料)

1

鳥羽離宮復元模型

※協力/「古典の日記念　京都市平安京創生館」展示及び京都アスニー
（京都市生涯学習総合センター）

葵祭の見物に来た
葵の上と六条御息所が
牛車の置き場を
めぐり争うシーン。

入り口では『源氏物語』「葵」の車
争いを題材にした屏風『車争図屏
風』の複製を見ることができる。

平安京のくらしと文化　体験コーナー

1.歴史を感じる数寄屋風のたたずまい。2.お香をたく道具も並ぶ。3.源氏かおり抄 花散里20本入880円。

香老舗 松栄堂 京都本店

こうろうほ しょうえいどう きょうとほんてん

江戸時代から続く お香の老舗

　宝永年間(1704〜1711年)の創業以来300余年、香りづくり一筋。伝統的な香りから、手軽なスティックタイプのお香や匂い袋まで、種類豊富に取りそろえる。『源氏物語』をイメージしたシリーズ、「源氏かおり抄」は、花橘の爽やかな香りの「花散里」など各帖の世界を香りで表現している。

DATA ☎ 075・212・5590 住 京都府京都市中京区烏丸通二条上ル東側 営 9:00〜18:00 休 年始 交 京都市営地下鉄「丸太町」駅から徒歩約3分 駐 あり

1.2.本店では名入れサービスも実施。3.京都刺繍や黒谷和紙など京都の伝統工芸を融合した扇子も販売。

白竹堂 京都本店

はくちくどう きょうとほんてん

宮中女性の必需品 京扇子は見逃せない

　享保3(1718)年創業の京扇子専門店。京扇子は平安時代の発祥といわれ、華やかな絵が施された扇子は宮中女性に好まれた。同店では、骨作りから組み立てまで約88の工程を熟練の職人が分業して作る京扇子のほか、ファッション性の高い扇子もそろえている。

DATA ☎ 075・221・1341 住 京都府京都市中京区麩屋町通六角上ル白壁町448 営 10:00〜18:00(5〜8月は〜19:00) 休 水(5〜8月は無休)、年末年始 交 京都市営地下鉄「京都市役所前」駅から徒歩約7分 駐 なし

京菓子司
京橘総本店

きょうがしつかさ きょうたちばなそうほんてん

宮中の雅な遊び
貝合わせがヒントに

　享保年間(1716〜1736年)に江戸・両国で創業した立花屋が前身。昭和8(1933)年に大阪で橘屋を開業し、戦後に京都に移転・再開した。京都らしい菓子として、平安時代の貴族の遊びの一つ、貝合わせをモチーフにした「貝合わせ最中」が誕生。貝殻型の最中に、たっぷりの餡とやわらかい餅が入る。

DATA ☎ 075・781・2143 住 京都府京都市左京区下鴨南芝町49−1 営 9:00〜17:00頃 休 日、1/1、そのほか臨時休業あり 交 京都市営地下鉄「北山」駅から徒歩約5分 駐 なし

1.貝合わせ最中4個入680円〜。2.北山通り沿いに立地。3.餅菓子、焼菓子など多彩な和菓子が並ぶ。

象彦
京都寺町本店

ぞうひこ きょうとてらまちほんてん

ハレの日でも日常でも使える
京漆器や小物が並ぶ

　京漆器は、奈良時代に唐から伝来した蒔絵の技法が、平安京への遷都とともに京都へ受け継がれたことが起源とされる。寛文元(1661)年創業の同店は、蒔絵が美しい芸術性の高い漆器はもちろん、普段使いに適した品も取りそろえる。「源氏物語絵巻」に描かれる雲を表現したお盆に注目だ。

DATA ☎ 075・229・6625 住 京都府京都市中京区寺町通二条上ル西側要法寺前町719−1 営 10:00〜18:00 休 火 交 京都市営地下鉄「京都市役所前」駅から徒歩約5分 駐 なし

1.外観はスタイリッシュ。2.源氏雲を金箔で描いた、源氏雲 朱蛤形菓子盆1万1000円。3.食器や小物がズラリ。

平安時代には不破・鈴鹿と並ぶ三関の一つだった。

出会いと別れの象徴、逢坂の関へ

紫式部が旅した

越前への足取りをたどる

父の越前国赴任により、一緒に都を離れた紫式部。その下向の様子や心情が『紫式部集』に記されている。武生までの道のりを写真と和歌でたどってみよう。

　　紫式部は長徳2（996）年の秋、越前守になった父・藤原為時の赴任に伴い、越前国府・武生（現・福井県越前市）に下向した。紫式部にとって生まれて初めての長旅であった。

　京を出発した為時・紫式部の一行は、粟田口から山科を経て逢坂山にある関を越える。逢坂の関は、京と東国をつなぐ出入口で多くの人々が行き交う場所。百人一首に選ばれた蝉丸の和歌「これやこの　行くも帰るも　別れては　知るも知らぬも　逢坂の関」に詠まれるように、出会いや別れの象徴として、多くの和歌や文学作品に登場する。『源氏物語』「関屋」では、光源氏と空蝉の出会いの場として描かれている。

　実際に関があった場所は定かではないが、滋賀県大津市の国道一号沿いに「逢坂山関跡」の記念碑があり、付近には「逢坂の関記念公園」が整備されている。

逢坂山関跡

おうさかやまのせきあと

DATA ☎ 077・528・2772（びわ湖大津観光協会）住 滋賀県大津市大谷22 営休料 見学自由 交 京阪電車「大谷」駅から徒歩約5分

現在の打出浜。公園に遊歩道が整備され、人々が行き交う。

打出浜から慣れない舟旅をスタート

越前までの
推定
ルート

武生
日野山

敦賀
深坂古道

塩津

三尾崎
白鬚神社

琵琶湖

紫式部邸

打出浜
大津

逢坂の関
石山寺

逢坂山を越えると大津の打出浜から舟に乗った。平安時代の打出浜は景勝地であり、石山寺（P.34）へ向かう舟の出発地。多くの貴族が、ここから石山詣へ出かけたという。現在も眺めの良い浜で、石場駅から湖岸までの間には、紫式部や『源氏物語』をイメージした花壇が整備されている。

打出浜

うちでのはま

DATA ☎077・528・2772（びわ湖大津観光協会）住 滋賀県大津市打出浜 営 休 料 見学自由 交 京阪電車「石場」駅から徒歩約10分

朝日を浴びる白鬚神社の湖中鳥居。
湖面のリフレクションも美しい。

（打）出浜を出発した舟は、琵琶湖の西岸に沿って北上した。紫式部はその途中、三尾崎のあたりで歌を詠んでいる。

三尾の海に　網引く民の　てまもなく
立ち居につけて　都恋しも

休む間もなく網を引く漁師の姿を見て都を思い出す、というものだ。見慣れない光景に故郷を恋しく思ったのだろう。また、夕立が近づき、波が荒れた際には、

かきくもり　夕立つ波の　あらければ
浮きたる舟ぞ　しづ心なき

と不安な心持ちを詠んだ。

滋賀県高島市にある「白鬚神社」（P.38）の境内には、「三尾の海に」の歌を刻んだ歌碑が立つ。

深坂古道は長浜市側の南口と敦賀市側の北口、どちらからも歩ける。紫式部歌碑は北口寄りにある。

峠越えに
生きるつらさを
重ねる

一行は、琵琶湖の北端にある塩津（しおつ）港に上陸した。当時の塩津は陸上でも湖上でも、京と北陸道を結ぶ交通の要衝で、海産物、特に塩の輸送の重要な中継地であったという。

塩津からは、近江と越前の国境である塩津山を越え、敦賀に入った。この「深坂越え」は険しい山道で、紫式部の輿（こし）を担ぐ人夫が「なほからき道なりや（やはり難儀な道だなあ）」とぼやいたという。紫式部はそれに対し、

知りぬらむ　ゆききにならす　塩津山
よにふる道は　からきものぞと

と詠んでいる。行き来し慣れている塩津山もつらいのだから、世渡りの道はさらにつらいものだと分かっただろう、と呼びかけるものだ。都を離れる苦しみや長旅のつらさが伝わるが、一方で輿の上の姫君から人生の厳しさを諭された人夫も驚いたことだろう。現在の滋賀県長浜市と福井県敦賀市の境には、「深坂古道」が残されている。3.8km、約2時間のハイキングコースで、紫式部歌碑のほか、万葉集の歌人・笠金村の歌碑や深坂地蔵などが見られる。敦賀からは陸路、または海路で今庄（いまじょう）まで移動し、湯尾峠を越えて越前国府・武生に到着したものと考えられている。

紫式部は武生で1年余りを過ごし、長徳3（997）年、為時の任期終了を待たずして単身京に戻った。藤原宣孝との結婚のためといわれる。夫に先立たれ『源氏物語』を執筆するのは先の話だが、「浮舟」に武生の地名が登場するように、都を離れて過ごした経験も、その後の創作に生かされているのかもしれない。

深坂古道

ふかさかこどう

DATA ☎ 0749・53・2650（長浜観光協会）／0770・22・8167（敦賀観光協会）　🏠 滋賀県長浜市西浅井町沓掛／福井県敦賀市追分　営 休 料 見学自由（積雪時は通行不可）　交 JR「近江塩津」からバスで約10分、バス停「近江鶴ケ丘」からすぐ（南口）／JR「新疋田」駅から徒歩約10分（北口）

『源氏物語』「関屋」で、光源氏も参拝している。

紫式部が石山寺で『源氏物語』を起筆したとの伝説から、「源氏物語誕生の地」ともいわれる大津。

式部の歌碑が立つ白鬚神社、三上山なども訪れたい。

滋賀県を旅しながら、琵琶湖の景色も楽しんで。

🔲🔲 滋賀県大津市

『源氏物語』を着想したと伝わる場所

石山寺

いしやまでら

　奈良時代創建と伝わる、真言宗の大本山。本尊は日本で唯一、天皇の命令で封印されている勅封秘仏「如意輪観世音菩薩」。平安時代になると、清水寺（P.56）や長谷寺（P.78）と同じく三観音の一つとして信仰された。本堂は平安時代、多宝塔は鎌倉時代の建築でどちらも国宝。そのほか多くの国指定重要文化財を所蔵している。

　平安時代、貴族や女流文学者の間で石山詣が流行。紫式部は、石山寺参籠中に『源氏物語』の構想を練ったともいわれる。本堂には「源氏の間」があり、紫式部の参籠の様子が再現されている。

源頼朝の寄進で建立されたと伝わる国宝の多宝塔。
内部に安置される本尊の大日如来像は鎌倉時代の仏師・快慶の作。

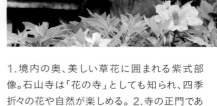

DATA ☎ 077・537・0013 🏠 滋賀県大津市石山寺
1-1-1 🕐 8:00〜16:30(最終入山16:00) 💤 なし
🎫 一般600円 🚃 京阪電車「石山寺」駅から徒歩約
10分 🅿 あり(有料)

※写真提供:(公社)びわこビジターズビューロー

1.境内の奥、美しい草花に囲まれる紫式部
像。石山寺は「花の寺」としても知られ、四季
折々の花や自然が楽しめる。2.寺の正門であ
る東大門は国指定重要文化財。

紫式部と縁深い
湖国の名刹

三井寺

みいでら

朱鳥元(686)年創建、天台寺門宗の総本山で、正式名称は園城寺。弥勒菩薩をまつる金堂や釈迦堂など、広大な寺域に堂宇が点在。10件の国宝、近江八景の「三井の晩鐘」など、見どころが多い。

紫式部の父・藤原為時は長和5(1016)年に三井寺で出家。式部の親戚も三井寺の僧で、母の兄弟・康延は宮中仏事など行う内供奉 十禅師、異母兄弟の定暹は一条天皇の大葬に御前僧として参列。『紫式部日記』には、式部の仕えた中宮・彰子が出産で里下がりした際、三井寺の僧が安産祈願の密教修法を行う様子が記されている。

※写真提供:公益社団法人びわこビジターズビューロー

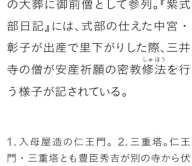

1.入母屋造の仁王門。2.三重塔。仁王門・三重塔とも豊臣秀吉が別の寺から伏見に移したものを徳川家康が移築。いずれも国指定重要文化財。3.西国三十三箇所観音霊場の第十四番礼所である観音堂。元禄2(1689)年に再建。

DATA ☎077・522・2238 住滋賀県大津市園城寺町246 営8:00〜17:00 休なし 料一般600円 交京阪電車「三井寺」駅から徒歩約7分 駐あり(有料)

豊臣秀吉の正室・北政所
（ねね・高台院）によって
再建された金堂（国宝）。

桜の名所としても有名。
春は夜桜のライトアップも
見逃せない。

湖中大鳥居が美しい大社

白鬚神社

しらひげじんじゃ

　大鳥居が琵琶湖に浮かぶ光景から"近江の厳島"の異名をもつ。「白鬚さん」「明神さん」の名で親しまれ、延命長寿白鬚の神として崇敬されてきた。また縁結び、子授け、福徳開運、攘災招福、商売繁盛、交通安全など、人の世のすべての導き・道開きの神として信仰されている。現在の本殿は豊臣秀吉の遺命により、息子の秀頼が造営したもので、国の重要文化財に指定されている。

　境内には、紫式部にちなんだ歌碑が立つ。長徳2（996）年、越前国司として赴任する父の藤原為時についていき、三尾崎を通った際に詠んだ和歌が刻まれている（P.32）。

1.石段を上り、南側に位置する歌碑。ほか与謝野鉄幹・晶子夫婦が参拝に訪れた時に詠んだ歌を刻んだ歌碑も。2.明治時代に拝殿が付加され、権現造風の屋根続きで奥に本殿が鎮座。3.国道をはさんだ向かいに社殿がある。

DATA ☎ 0740・36・1555 🏠 滋賀県高島市鵜川215 🕐 参拝自由（社務所は9：00〜17：00） 🈳 なし 💴 境内無料 🚉 JR「近江高島」駅から車で約5分 🅿 あり

社務所前の展望台、藍湖
（おうみ）白鬚台から朱色
の大鳥居が一望できる。

1

2

1. 武将・俵藤太が大ムカデを退治したという伝説から「ムカデ山」の別名も。
2. 四季ごとに美しい表情を見せる三上山。整備された登山道はあるが、運動靴を忘れずに持参しよう。

DATA ☎ 077・587・3710（野洲市観光物産協会）🏠 滋賀県野洲市三上 🕐休料 見学自由 🚃 JR「野洲」駅からバスで約8分、バス停「山出前」から徒歩すぐ（登山道進入路）🅿 あり
※三上山維持管理のため、御上神社にて入山初穂料500円の納入にご協力ください。

滋賀県野洲市

「近江富士」と呼ばれる秀麗な山

三上山

みかみやま

　滋賀県野洲市にある三上山は、千年以上前から神が宿る清浄な山とされてきた。奈良時代初めには藤原不比等（ふじわらのふひと）が勅命を拝し、御上神社（みかみ）の社殿を現在地に造営したという。

　三上山の標高は432m。山頂までの登山道は3ルートあり、いずれも山頂まで徒歩40分ほどで着く。「打ち出でて　三上の山を　詠（えい）れば　雪こそなけれ　富士のあけぼの」。三上山を眺めて詠んだと伝わる紫式部の和歌。この頃にはすでに富士のように美しいとたたえられていたのだろう。

叶 匠壽庵 石山寺店

かのう しょうじゅあん いしやまでらてん

石山寺にちなんだ 商品を提供・販売

　石山寺（P.34）の門前に店を構える。同寺の名前の由来となった硅灰石（けいかいせき）に見立て、餡をたっぷりのせた「石餅」が看板商品。同寺に現存する、紫式部が『源氏物語』の執筆に用いた硯（すずり）から着想を得た、「葛焼き　染め筆」を令和5（2023）年から石山店限定で提供。

DATA ☎ 077・534・6331 住 滋賀県大津市石山寺1-576-3 営 10:00〜16:30（イートインL.O.16:00） 休 水（祝日の場合は営業） 交 京阪電車「石山寺」駅から徒歩約10分 P 石山寺の有料駐車場利用

1.葛焼き　染め筆600円。黒豆・小豆各1個。2.石餅350円。3.イートインだけでなくみやげ用も販売している。

大忠堂 本店

だいちゅうどう ほんてん

百人一首の取り札を 瓦煎餅で表現

　百人一首ゆかりの地が多い大津市は「かるたの聖地」とも呼ばれている。同店では、百人一首のうち六歌仙に選ばれている歌人の歌や、大津に関連した歌の焼印を施した、百人一首煎餅を販売。紫式部の煎餅には、「めぐりあひて　見しやそれとも　わかぬまに　雲がくれにし　夜半の月かな」という歌の下の句が書かれている。近江茶をふんだんに使用しており、お茶の風味が楽しめる。

DATA ☎ 077・522・3204 住 滋賀県大津市観音寺8-17 営 9:00〜18:00 休 日、祝 交 京阪電車「三井寺」駅から徒歩約4分 P あり

1.百人一首煎餅16枚入756円。絵柄は全8種類で、歌人は紫式部のほか、清少納言や蝉丸、小野小町など。2.琵琶湖の南西岸に立地。

越前

紫式部が生涯でただ一度、京を離れて暮らしたのが、現在の越前市だ。父の国府赴任に伴い1年余りを過ごしたといい、雪が積もる日野山を和歌につづっている。越前和紙などの伝統工芸にも注目しながら、越前での暮らしを想像してみたい。

福井県越前市

平安時代の雅をイメージした公園

紫式部公園

むらさきしきぶこうえん

　紫式部が初めて都を離れて、武生（現・越前市）に滞在したことから、その名を冠して整備された公園。「越前富士」と称される日野山を借景にした寝殿造庭園だ。寝殿造とは、寝殿・正殿等の建物と、池や築山などを配した庭で構成された貴族の邸宅の建築様式のこと。平安時代の雅さを彷彿とさせる美しい公園だ。

　公園のシンボルとも言える黄金の紫式部像は、顔は日野山を、体は京を向いている。日野山を見ながら、京の小塩山を懐かしむ和歌を詠んだ紫式部の心境が表現されている。

秋の紅葉も見事。
4月下旬に見頃を迎える
藤棚も見どころの一つ。

池を中心に樹木や橋などが配置されている。四季折々に美しい景色を鑑賞できる。

DATA ☎ 0778・22・3012（越前市都市計画課）
🏠 福井県越前市東千福町369　營 休 料 見学自由
🚃 JR「武生」駅からバスで約20分、バス停「紫式部公園」からすぐ 🅿 あり

1.十二単姿の紫式部像。このほか公園内には紫式部歌碑などもある。2.池の上にせり出すように造られた寝殿造の釣殿（つりどの）。総ヒノキ造りで雅な風情を醸し出している。

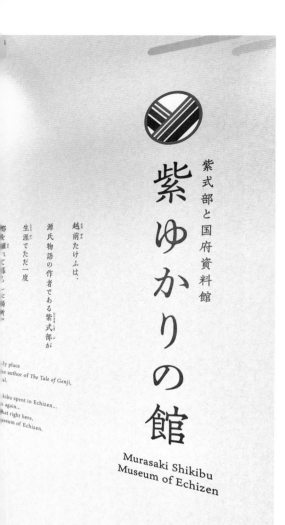

紫式部と国府資料館

紫ゆかりの館

越前たけふは、

源氏物語の作者である紫式部が

生涯でただ一度

都を離れて暮らした地。

...ly place
...e author of The Tale of Genji,
...al.

...kibu spent in Echizen...
...k again...
...hat right here,
...seum of Echizen.

Murasaki Shikibu
Museum of Echizen

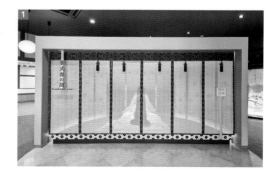

1

越前の日々を映像で紹介

紫ゆかりの館

ミュージアム

むらさきゆかりのやかた

　紫式部公園（P.42）に隣接し、令和3（2021）年にオープンした資料館。館内には、越前和紙で作られた唐衣裳装束（からぎぬもしょうぞく）の人形を御簾（みす）越しに見られる「紫式部和紙人形」のほか、越前の国府で過ごした日々を几帳に見立てたグラフィックや絵巻物風の映像で紹介する「紫式部の間」などがある。京から越前へ移動する下向行列の様子や、『源氏物語』執筆までのストーリーなど、紫式部とその時代を体感できる充実の施設だ。

　越前和紙をはじめとする伝統的工芸品の展示や販売、紫式部、『源氏物語』をモチーフにしたグッズなどの販売も行っている。

1. 平安時代には御簾越しでしか女性に会えなかった。そんな暮らしが伝わる「紫式部和紙人形」。2. 紫式部の間。3.『源氏物語』の中のどの登場人物に当てはまるか教えてくれる「姫君タイプ」診断。

DATA ☎ 0778・43・5013 住 福井県越前市東千福町21-12 営 9:00〜17:00 休 月（祝日の場合は翌平日）、12/29〜1/3 料 入館無料 交 JR「武生」駅からバスで約20分、バス停「紫式部公園」からすぐ P あり

「催しの間」で
企画展も行う。

紫式部の間
Murasaki Shikibu Room?

紫式部がこの地で過ごした日々や
越前との往来などを偲ぶ
紫ゆかりの館へ、ようこそ。

Takefu in Echizen is
where Murasaki Shik
ever lived outside th

The time that Muras
Her journeys here an
You can learn about
at the Murasaki Shik

展示室入口。紫式部が過ごした越前で
の日々に思いをはせることができる。

1.2カ院の塔頭(たっちゅう)を有する本山寺院。越前国府があったとされ、境内には楠・蝋梅があり、イチョウの巨木がそびえる。2.境内の「紫式部ゆかりの紅梅」は高さ10m、樹齢200年を超える。

DATA ☎ 0778・22・2107 住 福井県越前市国府1-4-13 営 参拝自由 休 なし 料 境内無料 交 福鉄「たけふ新」駅から徒歩約8分 🅿 なし

境内で咲き誇る式部ゆかりの紅梅

本興寺

ほんこうじ

　延徳元(1489)年創立。本行院日源により開山された法華宗真門流の寺院。越前国府の役所・国衙(こく・が)があったと推測され、越前市は正確な位置を解明するため、境内で発掘調査を行っている。紫式部の父・藤原為時は長徳2(996)年に越前守に叙任され、越前国府に赴任。父に同行した式部は越前から帰京の際に白梅を植えたとされる。後に式部の娘・大弐三位(だいにのさんみ)(藤原賢子(けんし))がこの地を訪れ、母をしのんで紅梅を植えたという。境内の紅梅は4代目、早春に咲き誇る姿はひときわ華やかだ。

1

2

1. 鈴虫橋。レリーフは「紫式部日記絵巻」の寛弘5（1008）年11月1日の場面を描いたもの。2. 河濯橋。「紫式部日記絵巻」の一場面。各レリーフにはモチーフとなった場面の解説が記されている。

DATA ☎ 0778・22・3010（越前市都市整備課）**住** 福井県越前市 **営休料** 見学自由 **交** JR「武生」駅から徒歩約20分（河濯橋）、JR「武生」駅から徒歩約17分（鈴虫橋）**駐** なし

福井県越前市

橋をめぐり名場面に思いをはせる

紫きぶ七橋

しきぶななはし

　越前市街の西部に流れる河濯川に架かる橋で、北から蛭子橋、平成橋、千代鶴橋、岩永橋、鈴虫橋、城ヶ堀橋、河濯橋の7つの橋の総称。それぞれの橋に「紫式部日記絵巻」や「源氏物語絵巻」の一場面をモチーフにしたレリーフが飾られている。レリーフは縦80cm、横80cm〜100cmの大きさだ。

　蛭子橋から河濯橋まではほぼ川沿いの道を約1km。河濯橋と紫式部公園（P.42）も約1kmの距離にあり、橋めぐりと公園を併せてゆっくりと散策を楽しむのもおすすめだ。

越前和紙の里
（パピルス館）

えちぜんわしのさと（ぱぴるすかん）

見て、体験して、買って
越前和紙の魅力を体感

　1500年の歴史を持つ伝統的工芸品、越前和紙の文化に触れられる施設。パピルス館では、オリジナルの和紙を作れる紙すき体験を行っている。館内には和紙ショップ「和紙処えちぜん」も。『紫式部日記』には、紫式部が越前で過ごした際に献上された和紙を京へ持ち帰ったことが記されている。

DATA ☎ 0778・42・1363 🏠 福井県越前市新在家町8-44 🕐 9:00〜16:00 🈺 火、年末年始 🚃 JR「武生」駅からバスで約28分、バス停「和紙の里」から徒歩約2分 🅿 あり

1. 紙すき体験600円〜（所要時間20〜40分）。2.3. 和紙処えちぜんには、越前和紙を使った商品が豊富に並ぶ。

四季の餅 あめこ

しきのもち あめこ

芋の風味を楽しめる
華やかな紫色の大福

　天明2（1782）年創業の和菓子店。福井県産のもち米を使った柔らかい餅に、自家製の黒蜜と香ばしいきな粉をかけて食べる、あべかわ餅が名物だ。紫式部にちなんだ藤式部も要チェック。国産の紫芋のパウダーを練り込んだ美しい紫色の餅で、白あずきと金時芋を合わせた餡を包んでいる。定番の豆大福やよもぎ大福、くるみ大福や季節限定品など多彩なラインナップも魅力。

DATA ☎ 0778・22・1272 🏠 福井県越前市国府1-6-5 🕐 8:00〜16:00 🈺 月 🚃 JR「武生」駅から徒歩約5分 🅿 あり

1. 藤式部220円。シナモンが香る、上品な甘さの大福。2. 住宅街にたたずむ。3. あべかわ餅594円。2〜12月限定。

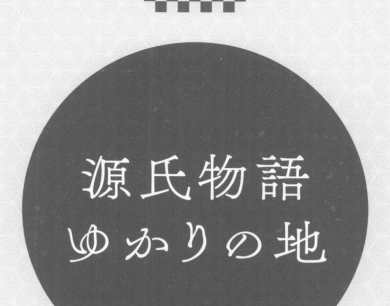

源氏物語
ゆかりの地

波乱万丈の物語の舞台である
京都、須磨や明石、宇治など、物語ゆかりのスポットを、
ストーリーに沿って紹介。
紫式部が思い描いた風景を見つけに行こう。

美貌と才能に恵まれた光り輝く主人公・光源氏。継母・藤壺との道ならぬ恋や、葵の上との結婚など、多くの女性と恋愛模様を繰り広げる。京都に点在する、数々の出会いと別れの舞台を訪ねよう。

京都府京都市

約500年間、歴代天皇が羽を休めた皇居

京都御所

きょうとごしょ

　元弘元(1331)年に光厳天皇が即位してから、明治2(1869)年に明治天皇が東京に移るまでの約500年間、天皇が暮らしていた場所。この間何度も火災に見舞われ、そのたびに再建。現在の建物の多くは、安政2(1855)年に復興、修復されたものだ。中でも紫宸殿や清涼殿は、平安時代の建築様式で再建されている。

　『源氏物語』は光源氏の生活の場であった、平安宮の内裏から始まる。平安時代を想像しながら見物するのも一興。

明治〜昭和と三代の天皇の即位礼が行われた、最も格式の高い紫宸殿。

DATA ☎ 075・211・1215 🏠 京都府京都市上京区京
都御苑内 🕐 9：00〜最終入場16：20（9・3月は〜15：
50、10〜2月は〜15：20）🚫 月（祝日の場合は翌日）、
12/28〜1/4、行事等がある日 💴 入場無料 🚃 京都市
営地下鉄「今出川」駅から徒歩約5分 🅿 あり（有料）

1. 紫宸殿の正面にある内門、承明（じょうめ
い）門。2. 京都御所の正門にあたる建礼（け
んれい）門。門前から南に延びる通り「建礼門
前大通り」は、沿道の芝生と松が美しい。

四季が彩る
優美な庭園

渉成園
しょうせいえん

　国の名勝であり、京都市民には「お東さん」と親しまれている東本願寺の庭園。寛永18（1641）年、3代将軍・徳川家光から約3.4万㎡の当地が寄進され、本願寺13代宣如上人（しょうにん）の希望で江戸時代の武将・石川丈山が造園した。春は梅や桜、夏はショウブやスイレン、秋には紅葉が訪れる人を魅了。季節の移ろいが感じられる庭園の景観は、「十三景」と称されている。

　『源氏物語』の主人公、光源氏のモデルの1人とされているのが源融（みなもとのとおる）。平安時代、この地の付近にはその源融の別荘、六条河原院があったともいわれている。

1.周囲に多種多様な桜が植えられている傍花閣（ぼうかかく）。2.印月池（いんげつち）と茶室・縮遠亭（しゅくえんてい）のある北大島を結ぶ侵雪橋（しんせつきょう）。3.印月池に架かるもう一つの橋、回棹廊（かいとうろう）。

DATA ☎075・371・9210 住京都府京都市下京区下珠数屋町通間之町東入東玉水町 営9：00〜17：00（11〜2月は〜16：00）休なし 料一般500円以上（庭園維持寄付金）交京都市営地下鉄「五条」駅から徒歩約7分 駐なし

池のほとりに立つ「源融ゆかりの塔」と呼ばれる九重の石塔。

花散里が暮らした「中川のあたり」

梨木神社

なしのきじんじゃ

　梨木神社は明治18(1885)年創建。平安時代前期の公卿で、人臣で初の太政大臣や摂政になった藤原良房の屋敷「染殿第」があった場所と伝わる。境内に湧き出る御神水「染井」は京の三名水の一つ。

　『源氏物語』では、光源氏が花散里に逢いに行く場面で、「中川のほどおはし過ぐるに」という表現があることから、梨木神社付近が花散里の屋敷に設定されていたと考えられている。空蝉に出会った場所も、また同じ。梨木神社周辺は平安時代、貴族の屋敷が多くあったという。紫式部は、この地域をモデルに、舞台の設定をしたのかもしれない。

初夏には木々の緑が鮮やかに映える梨木神社の境内。門の先に拝殿が見える。

1.御神木のカツラの木。葉がハート形をしており、「愛の木」として親しまれている。2.染井の井戸は、木立の中の手水舎にある。3.境内には『雨月物語』の作者・上田秋成らの石碑が立つ。

DATA ☎075・211・0885 住京都府京都市上京区染殿町680 営境内自由(社務所は9:00～16:30) 休なし 料境内無料 交JR・近鉄・京都市営地下鉄「京都」駅からバスで約20分、バス停「府立医大病院前」から徒歩約3分 駐あり

「萩の宮」とも呼ばれ、秋には500株以上の萩が咲く。

※写真提供：清水寺

昔も今も参詣者で にぎわう

清水寺

きよみずでら

「古都京都の文化財」を構成する資産の一つとして、世界遺産に登録されている寺院。平安京に都を移して間もない延暦17(798)年、坂上田村麻呂が創建したと伝わる。京都の東、音羽山中腹に位置する境内は13万㎡の広さを誇り、国宝と国指定重要文化財を含む30以上の堂塔伽藍が立ち並ぶ。創建以来10回以上も火災に遭ったが、そのたびに焼失した堂塔を再建。現在の建物は、3代将軍・徳川家光の寄進によって造営されたものが多い。

　古くから人々に親しまれた寺で、『源氏物語』「夕顔」には、多くの人でにぎわう清水寺が描かれている。

※写真提供：清水寺

1. 奥の院の真下にある、三本の清水が流れ落ちる音羽の瀧。2. 清水寺の正門である仁王門。このほか、国指定重要文化財の三重塔など見どころが多数。

DATA ☎ 075・551・1234 🏠 京都府京都市東山区清水1-294 🕐 6:00〜18:00(時期によって異なる、夜間特別拝観期間中は21:00最終受付) 🈺 一般400円 料 境内無料 🚃 JR・近鉄・京都市営地下鉄「京都」駅からバスで約16分、バス停「清水道」、または「五条坂」から徒歩約10分 🅿 なし

国宝の本堂。断崖にせり出
している清水の舞台は、多
くの人が訪れる観光名所。

平安時代、清水寺の南方は
「鳥辺野（とりべの）」という
葬送地でした。
『源氏物語』では、
光源氏が夕顔の亡骸と
対面するため鳥辺野へ向かう途中、
清水寺のにぎわいを見たと
描いています。

紫式部

2

※写真提供：清水寺

本殿前には、
星曼荼羅を表す
「金剛床」がある。

光源氏と若紫が出会う 「北山のなにがし寺」

鞍馬寺

くらまでら

　寺伝によると、宝亀元（770）年、奈良・唐招提寺の鑑真和尚の高弟・鑑禎上人が、鞍馬山に庵を結んだのが始まりとされる。伽藍が整えられたのは平安京遷都後の延暦15（796）年であるという。

　平安時代には藤原道長ら公卿のほか、清少納言ら文学者も多く参詣に訪れていた。紫式部は『源氏物語』「若紫」で、光源氏が病気平癒を祈願しに訪れた寺のことを「北山になむ　なにがし寺といふ所に」と書いている。そこで光源氏は、少女であった若紫と運命の出会いをする。その寺が古来から鞍馬寺であるといわれている。

1.仁王門（山門）。寺領内には義経堂や義経供養塔もある。2.仁王門から本殿金堂までは、『枕草子』にも描かれる九十九折参道を約30分歩く。ケーブルカーを利用することもできる。3.転法輪堂。階下に休息所・洗心亭がある。

DATA ☎ 075・741・2003 🏠 京都府京都市左京区鞍馬本町1074 🕐 9:00～16:15 🈲 なし 💴 500円（愛山費）🚉 叡山電車「鞍馬」駅から徒歩約5分（仁王門）🅿 なし

058

鞍馬寺本殿金堂。本尊は秘仏で、
60年に一度、丙寅（ひのえとら）の
年に開扉される。

鮮やかな朱塗りの楼門。奥に中門、本殿のほか境内社がある。

葵祭でも知られる
京の守り神

下鴨神社

しもがもじんじゃ

　正式名称は賀茂御祖神社というが、賀茂川のほとりにあることから、「下鴨さん」とか「下鴨神社」とも呼ばれる。社叢「糺の森」（P.62）周辺からは祭祀道具などが多数発掘されており、創建年代は古代以前と言われる。玉依媛命を祀る東本殿、賀茂建角身命を祀る西本殿はいずれも国宝に指定されている。

　平安京の造営にあたって祈願が行われ、平安時代には京の守護神として信仰された。

　『源氏物語』「葵」にも描かれる葵祭（賀茂祭）は、上賀茂、下鴨両神社の例祭で、6世紀から続いている伝統的な神事である。

1.葵祭の舞台にもなる御手洗池と御手洗社。2.縁結びの神様を祀る相生社（あいおいのやしろ）。『源氏物語』にちなんだおみくじが授与されている。3.美麗の神として知られる摂社の河合神社。

DATA ☎ 075・781・0010 住 京都府京都市左京区下鴨泉川町59 営 6:00〜17:00 休 なし 料 境内無料 交 京都市営地下鉄「北大路」駅からバスで約8分、バス停「下鴨神社前」からすぐ 駐 あり（有料）

1. ケヤキやクスノキなど、約40種、樹齢200～600年の原生林が広がる。例年5月に行われる葵祭の舞台でもある。2. 下鴨神社から流れる清らかな小川に癒やされる。京都では遅めの紅葉の名所としても知られている。

DATA ☎ 075・781・0010（下鴨神社） 住京都府京都市左京区下鴨泉川町59 営休料 見学自由 交 京都市営地下鉄「北大路」駅からバスで約9分、バス停「糺の森」からすぐ 駐 あり（下鴨神社）

光源氏が和歌に詠んだ神宿る森

糺の森

ただすのもり

　下鴨神社（P.60）の社叢（森）で、広さは約12万㎡に及ぶ。広葉樹を中心に山城國一帯の植生を今に伝える。古来は約5㎢もの広さがあったが、中世以降、度重なる戦乱で多くを失った。現在、貴重な森の保全と保護のための活動が行われている。

　糺の森は『源氏物語』「須磨」にも登場。「憂き世をば　今ぞ別るる　とどまらむ　名をば糺すの神にまかせて」。これは都を離れる光源氏が詠んだと描かれている。去ってのちの自分のうわさは、糺の森の神の御心にお任せしようという意味である。

1. 元禄14(1701)年再建の本堂。胎内に絹製の五臓六腑が収められた「三国伝来の生身の釈迦像」は毎月8日に開帳。
2. 天明4(1784)年再建の仁王門。初層に仁王像、上層に十六羅漢像を祀る。

DATA ☎ 075・861・0343 住 京都府京都市右京区嵯峨釈迦堂藤ノ木町46 営 9:00〜16:00 休 なし 料 境内無料(本堂は一般400円) 交 嵐電「嵐山」駅から徒歩約15分 P あり(有料)

光源氏のモデル・源融の山荘跡

清涼寺

せいりょうじ

　かつて嵯峨天皇の皇子・源融(みなもとのとおる)の山荘があり、融の死後、子息が仏堂を建立。阿弥陀三尊像(国宝)を祀り、棲霞寺(せいかじ)と号した。融は光源氏のモデル候補の1人とされ、三尊のうち阿弥陀如来像は融を模した「光源氏の写し顔」との伝説がある。

「嵯峨釈迦堂」の愛称を持つ清涼寺は、棲霞寺境内に建立された釈迦堂が起源。「三国伝来の生身(しょうじん)の釈迦像」(国宝)が安置され、信仰を集めてきた。光源氏が大覚寺の南に造営し、出家生活を送った「嵯峨の御堂」は清涼寺と考えられている。

平安時代の潔斎所が神社に

野宮神社

ののみやじんじゃ

野宮神社

えんむすび
進学祈願
自由拝観じゆうた拝

源氏物語の旧跡

『源氏物語』に
ちなんだ開運招福
お守り。

　未婚の内親王や女王から選ばれ伊勢神宮に仕える人を斎王（斎皇女）と言った。斎王は宮城内の潔斎所で身を清め、宮城外に設けられた野宮で、さらに身を清めなければならなかった。野宮は黒木の鳥居を設け、小柴垣をめぐらし、質素に造られたという。天皇の代替わりごとに設けられたが、野宮神社はその一つである。斎王制度の廃絶後も神社として、特に皇室からあつく崇敬された。

　野宮神社は『源氏物語』「賢木」で、光源氏と六条御息所の別れの舞台として詳しく描かれている。黒木鳥居と小柴垣は今も変わらず、平安の風情を伝えている。

1.拝殿。縁結びや子宝の神として信仰される。「源氏物語の宮」としても知られ、ファンも多く訪れる。**2.**野宮大黒天の前にあるのが神石（亀石）。なでると願いがかなうといわれる。**3.**野宮神社と大河内山荘庭園を結ぶ「竹林の小径」。

DATA ☎ 075・871・1972 **住** 京都府京都市右京区嵯峨野宮町1 **営** 境内自由（授与所は9：00〜17：00） **休** なし **料** 境内無料 **交** 嵐電「嵐山」駅から徒歩約8分 **駐** なし

黒木鳥居はクヌギの木の
皮をむかないまま造られて
いる。日本最古の鳥居様
式であるという。

朧月夜との密会が公になり、流罪を予感した光源氏は、自ら須磨へ退去し、わび住まいの日々を送った。神戸や明石のゆかりの地では、都を遠く離れ、月を眺めて過ごした光源氏に心を重ねてみたい。

兵庫県神戸市

平安の歴史も伝わる花の名園

神戸市立 須磨離宮公園

こうべしりつ すまりきゅうこうえん

　昭和42（1967）年に開園した公園で、皇室の別荘「武庫離宮」があった場所に整備された。公園の入り口である正門や馬車道、中門広場などに、当時、名建築とうたわれた武庫離宮の遺構が残っている。現在は、バラなど花々の鑑賞やフィールドアスレチックなどを楽しめる公園として日々市民が集っている。

　園内にある月見台付近は、光源氏のモデルの1人ともいわれる在原 行平が月見をした場所とも伝わる。「日本百名月」にも選ばれており、中秋の名月には、お月見イベントが開催される。

バラ園のバラは、
約180種、4000株。
春と秋が見頃。

噴水や花々、緑で飾られた須磨離宮公園。広大な園内にはバラ園や鑑賞温室などが整備されている。

DATA ☎ 078・732・6688 🏠 兵庫県神戸市須磨区
東須磨1-1 🕐 9:00～17:00（時期により異なる）
🈺 木（祝日の場合は開園）、12/29～1/3 🎫 一般
400円 🚃 山陽電車「月見山」駅から徒歩約10分 🅿
あり（有料）

1.御影石・正亀甲積みの正門は武庫離宮時
代のもの。2.月見台休息所。中秋の名月には
お月見イベント「離宮月見の宴」を開催。演奏
ステージやお茶会などが楽しめる。

慶長7（1602）年、豊臣秀頼が再建した本堂。内陣の宮殿は応安元（1368）年の建造で、国指定重要文化財。

光源氏が都を思う桜の名所

大本山須磨寺

だいほんざん　すまでら

　正式名は上野山福祥寺だが、古くから須磨寺の愛称で親しまれてきた。現在地に本堂などが築かれたのは仁和2（886）年。源平合戦ゆかりの寺として知られる。寺領内には平家物語「敦盛最期」に描かれている、わずか17歳で一の谷に散った平敦盛の首塚が祀られており、愛用の笛が宝物館に展示されている。

　須磨寺は『源氏物語』ゆかりの地でもある。「須磨」では、京を離れた光源氏が須磨でわび住まいをするが、須磨寺に手植えした幼木の桜の花がほころぶのを見て、都の桜を思い出すというシーンがある。

1.護摩堂。須磨寺は真言宗の寺院で、護摩堂は明治36（1903）年に再建、平成24（2012）年に改修された。2.熊谷直実と平敦盛との一騎打ちを再現した源平の庭。3.春は桜に彩られる。

DATA ☎ 078・731・0416 住 兵庫県神戸市須磨区須磨寺町4-6-8 営 8:30〜17:00 休 なし 料 境内無料 交 山陽電車「須磨寺」駅から徒歩約5分 Ｐ あり

源平の庭付近の
「若木の桜」は
光源氏手植えとの
言い伝えがある。

光源氏が静かに暮らした地

現光寺

げんこうじ

　光源氏が従者数人と京から須磨に退去した際、わび住まいをしていた場所として伝わる。「源氏寺」や「源光寺」とも呼ばれており、入り口には源氏寺と刻まれた石碑が立つ。石碑の裏には、『源氏物語』「須磨」の一節が書かれている。境内には、松尾芭蕉の「見渡せば　ながむれば見れば　須磨の秋」や、正岡子規の「読みさして　月が出るなり　須磨の巻」の句碑もある。

　阪神・淡路大震災で本堂が倒壊。本堂は平成14（2002）年に再建された。謡曲「須磨源氏」のゆかりの地としても知られており、本堂横に「光源氏月見の松」がある。

1.本堂には、国宝「源氏物語絵巻」の模写や源氏香図が描かれた襖絵がある。2.浄土真宗本願寺派の寺院。3.源氏寺の石碑は、当初境内にあったが、阪神・淡路大震災後の都市計画整備によって、現在の場所へ移設された。

DATA ☎ 078・731・9090 住 兵庫県神戸市須磨区須磨寺町1-1-6 営 10:00〜17:00 休 なし 料 境内無料 交 山陽電車「山陽須磨」駅から徒歩約5分 駐 なし

本尊は阿弥陀如来。阪神・淡路大震災で被災した時、がれきの中から掘り起こされた。

『源氏物語』由来の
碑が立つ古刹

法寫山
善樂寺
戒光院

ほうしゃざん ぜんらくじ かいこういん

　大化年間（645～650年）の創建
と伝わり、明石で最も歴史のある
寺として知られる。保元元（1156）
年、播磨守に任命された平清盛は、
火災にあった堂塔伽藍を再興し、
寺領500石などを寄進した。養和2
（1182）年には清盛の甥・忠快法印
が清盛供養塔を建てた。第2次世界
大戦で清盛建立の堂塔は焼失した
が、供養塔は今も残る。

　江戸時代初期には、文学好き
だったという明石藩主・松平忠国
が寺院内に「明石入道の碑」と「光
源氏明石浦浜の松の碑」を建てた。
『源氏物語』「明石」では明石で過ご
す光源氏と、播磨守であった明石
入道が描かれており、その記念碑
ともいえるものだ。

DATA ☎ 078・917・5070 住 兵庫県明石市大
観町11-8 営休料 境内自由 交 山陽電車「西
新町」駅から徒歩約8分 Pなし

平安時代以前から続く由緒ある寺。現在の本堂は昭和63(1988)年落慶。

1.本堂脇にある光源氏明石浦浜の松の碑。2.明石入道の碑。「明石」で光源氏は、明石入道に連れられて須磨から明石に移動。明石の君と結ばれ、都に戻るなど栄転のきっかけになった。3.平清盛供養塔。

王侯貴族からも信仰された古社

住吉大社

すみよしたいしゃ

　1800年を超える歴史を誇る、由緒ある神社。新羅遠征から帰還した神功皇后が凱旋の途中で、現在の住吉の地に鎮斎(ちんさい)したと伝わる。奈良時代から式年で遷宮が行われており、一時期を除いて現在も続いている。平安時代は和歌・文学の神としても敬われた。

　住吉の神は『源氏物語』で度々描かれている。「明石」で、光源氏は、住吉の神の導きで須磨から明石に移ると、明石の君と恋に落ち、その後、都に戻った。「澪標(みおつくし)」では、住吉大社に帰京のお礼参りをする光源氏が描かれている。明石の君の父・明石入道(あかしのにゅうどう)も住吉の神を信仰した。

1.渡るだけでお祓いになるといわれる反橋。太鼓橋とも呼ばれる。2.境内摂社の大海神社。国指定重要文化財。3.第一本宮南側に位置する「五所御前」。住吉大社はじまりの聖地と伝わる。

DATA ☎06・6672・0753 住 大阪府大阪市住吉区住吉2-9-89 営 6:00～17:00(10～3月は6:30～、授与所は9:00～17:00) 休 なし 料 境内無料 交 阪堺電車「住吉鳥居前」駅からすぐ 駐 あり(有料)

住吉造の本殿（国宝）。4つの本宮にそれぞれ住吉三神（底筒男命（そこつつのおのみこと）、中筒男命（なかつつのおのみこと）、表筒男命（うわつつのおのみこと））と神功皇后が祀られている。

境内の反橋付近には、「澪標図屏風」の複製が飾られている。

晩年に差す影

都へ戻り、栄華の頂点に立った光源氏。ところが女三の宮に柏木が密通し、不義の子が誕生。最愛の妻・紫の上とも死別し、苦悩の晩年を過ごした。登場人物たちがよりどころとした寺社などを紹介。

京都府八幡市

「やわたのはちまんさん」と呼ばれ親しまれる

石清水八幡宮

いわしみずはちまんぐう

　創建は貞観元（859）年、八幡大神の御宣託を受け、男山の頂に神霊を奉安したのが始まりと伝わる。以来、国家鎮護の神として朝廷のあつい保護を受け、度々天皇の行幸が行われた。源氏一門は八幡大神を氏神としており、平安時代に源義家が石清水八幡宮で元服し、八幡太郎義家と名乗ったことも知られている。

　『源氏物語』「玉鬘」には、筑紫から都に戻った玉鬘が、石清水八幡宮に参拝したとの一文がある。平安時代中期には、すでに王侯や貴族、武人の崇敬を集めた神社であったことがうかがえる。

『枕草子』にも登場。祭りの様子や、行幸から帰る一条天皇について書かれている。

楼門。山頂にある社殿の入り口。山頂へは石清水八幡宮駅からケーブルカーで行ける。

DATA ☎ 075・981・3001 住 京都府八幡市八幡高坊30 営 6:00〜18:00（授与所は9:00〜16:00）休 なし 料 境内無料 交 石清水八幡宮参道ケーブル「ケーブル八幡宮山上」駅から徒歩約5分 駐 あり（有料）

1.八幡造りの本殿。境内の社殿は3代将軍・徳川家光の寄進によるもので、本社10棟などが国宝に指定されている。2.表参道入り口の一之鳥居。

末寺三千余カ所
真言宗豊山派の総本山
長谷寺

はせでら

　寺伝によると、創建は朱鳥元（686）年、道明上人が天武天皇のために「銅板法華説相図」（国宝）を初瀬山の西の岡に安置したことに始まる。正式名称は豊山神楽院長谷寺。現在の長谷寺は真言宗豊山派の総本山。西国三十三所観音霊場第八番札所でもある。「花の御寺」と呼ばれ、四季の草花も楽しめる。

　『源氏物語』「玉鬘」では、都に戻った夕顔の娘・玉鬘が観音様の加護を得ようと、乳母らとともに徒歩で長谷寺を訪れたことが描かれている。長谷寺は、『万葉集』や『古今和歌集』、『枕草子』、『更級日記』などにも登場する名刹である。

1

写真提供／奈良 長谷寺、一般財団法人奈良県ビジターズビューロー

1.登廊（のぼりろう）。上・中・下の3廊に分かれており、上廊は平安時代の建造で国指定重要文化財。夜も美しい。**2.**「玉鬘」で詠まれた和歌にちなむ二本（ふたもと）の杉。**3.**紅葉の名所でもある。

DATA ☎0744・47・7001 住奈良県桜井市初瀬731-1 営8:30〜17:00（10〜11・3月は9:00〜、12〜2月は9:00〜16:30）休なし料一般500円 交近鉄「長谷寺」駅から徒歩約15分 Pあり（有料）

仁王門から本堂へは、
登廊の399段の
階段を上る。

小初瀬山（おはつせやま）中腹の断崖に懸造（かけづくり）された本堂。国宝に指定されている。

「藤裏葉」の極楽寺が起源とされる名刹

宝塔寺

ほうとうじ

寺伝によれば、時の関白・藤原基経が発願し、その長男・時平が完成させた真言宗の極楽寺が前身。藤原家の菩提寺として栄えた後、鎌倉時代末期に日蓮宗に改宗し、寺号を改称した。応仁の乱、天文法華の乱などで荒廃したが、その後再興。多宝塔、四脚門、本堂が国の重要文化財に指定されている。

極楽寺は『源氏物語』「藤裏葉（ふじのうらば）」に登場。同巻では、光源氏の嫡男・夕霧と内大臣の娘・雲居雁（くもいのかり）の長年の恋が実を結ぶ。そのきっかけの一つ、2人の祖母・大宮の法要が営まれたのが極楽寺だ。総門の手前に2人の石像や関連の石碑が立つ。

1. 総門の四脚門は室町時代中期の建立。2. 応仁の乱の戦火を逃れた、京都市に現存する最古の多宝塔。行基ぶきの屋根が有名。3. 本堂背後の山腹にある七面宮。宝塔寺の鎮守社で法華保護の女神・七面大明神を祀る。

DATA ☎ 075・641・1859 住 京都府京都市伏見区深草宝塔寺山町32 営 休 料 見学自由 交 京阪電車「龍谷大前深草」駅から徒歩約10分 P あり

慶長13（1608）年に再
建、平成15（2003）年に
解体修理をした本堂。

真言宗御室派の総本山

総本山
仁和寺

そうほんざんにんなじ

平成6（1994）年、「古都京都の文化財」として世界遺産に登録された。

仁和寺の本尊である阿弥陀三尊を安置する金堂。国宝に指定されている。

　創建は仁和4（888）年。金堂は第59代・宇多天皇の時代に完成した。寺号は創建時の元号からとられている。その後、宇多天皇は譲位し、仁和寺第1世・宇多法皇となる。以来、幕末まで、皇室出身者が代々の住職を務める名刹となった。

　寛弘7（1010）年、藤原道長の妻・倫子の願いによって観音院灌頂堂（かんじょうどう）が仁和寺内に建立された。『源氏物語』が書かれた頃ともいわれる。『源氏物語』「若菜上」では、光源氏の兄・朱雀帝が譲位した後、「西山なる御寺」で出家したと書かれており、それが仁和寺と考えられている。

1. 寛永年間（1624〜1644年）に再建された御影堂は国指定重要文化財。2. 観音堂（国指定重要文化財）。本尊は千手観音菩薩。内部は非公開。3. 御室桜（おむろざくら）と五重塔（国指定重要文化財）。

DATA ☎ 075・461・1155 住 京都府京都市右京区御室大内33 🕐 9：00〜17：00（12〜2月は〜16：30）休 なし 料 境内無料（御室花まつり期間中は一般500円）、仁和寺御所庭園は一般800円 交 嵐電「御室仁和寺」駅から徒歩約3分 🅿 あり（有料）

1

2

1.イチョウの巨木が4本あり、秋には境内が鮮やかな黄色に染まる、落ち葉の名所でもある。2.岩戸、落葉の両社を合祀した本殿と、落葉姫命（おちばのひめのみこと）を祀る摂社・御霊社が並ぶ。

DATA ☎なし　住京都府京都市北区小野下ノ町170　営境内自由　休なし　料境内無料　交JR「円町」駅からバスで約45分、バス停「小野郷」からすぐ　Ｐなし

『源氏物語』の落葉の宮を祀る

岩戸落葉神社

いわとおちばじんじゃ

小野郷（京都市北区）の産土神で、小野上ノ町の氏神・岩戸社、小野下ノ町の氏神・落葉社の2社からなる。江戸時代初期に岩戸社が火災に遭い、落葉社に合祀されたという。祭神は岩戸社が稚日女神、弥都波能売神、瀬織津姫神の3柱、落葉社は『源氏物語』に登場する落葉の宮と伝わる。落葉の宮は朱雀帝の皇女で、夫の柏木は光源氏の正妻・女三の宮に恋慕し、不義の罪に苦悩し死去。後事を託された夕霧から執拗に求愛される、風雅で奥ゆかしい女性として描かれている。

1.幅3〜4m、落差20mの分岐瀑。名前の由来として、近くの寺での声明を邪魔しないよう、円仁(慈覚大師)が滝に呪文をかけて音を消したという伝説も伝わる。2.三千院(P.86)の奥、来迎院から山道を10分ほど登った場所にある。

DATA ☎075・744・2148(大原観光保勝会) 🏠京都府京都市左京区大原来迎院町 🕐🈵🉐見学自由 🚉叡山電鉄「八瀬比叡山口」駅からバスで約15分、バス停「大原」から徒歩約20分 🅿なし

声明法師が修行した伝説の滝

音無の滝

おとなしのたき

　小野山の中腹、律川(りつせん)の上流にある滝。平安時代後期に仏教の儀式音楽、大原声明(しょうみょう)を完成させた良忍(りょうにん)ら、代々の声明法師が滝に向かって声明の稽古を重ねるうち、声に滝の音が同調し、音が消えたとの伝説から名付けられたという(諸説あり)。

『源氏物語』「夕霧」では落葉の宮が、自分の涙を滝になぞらえて和歌に詠んだ。「行幸(みゆき)」では光源氏から玉鬘(たまかずら)へ、「宿木(やどりぎ)」では薫から宇治の大君(おおいきみ)へ、抑えきれずに流れ出してしまう恋心の比喩を「音無の滝(里)」と表現している。

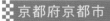

美しい庭園で
知られる名刹

三千院

さんぜんいん

　伝教大師最澄が開いた名刹で、創建は延暦年間（782〜806年）と伝わる。鎌倉時代以降は戦乱により比叡山から京に移るなど移転を繰り返し寺号も変化した。現在地の大原に寺を構え、三千院と称されるようになったのは幕末から明治4（1871）年にかけて。国宝・阿弥陀三尊坐像や、気品あふれる建物、美しい庭園でも知られる。

　『源氏物語』「夕霧」では、朱雀院の更衣であった一条御息所が病気になり、娘である落葉の宮とともに小野の山荘に移り隠棲する。一説には、その山荘があったのが、大原・三千院のあたりといわれている。

1. 聚碧園（しゅうへきえん）。池泉観賞式庭園で繁茂する木々と泉水が見事な造形美を描く。2. あじさい苑。6月中旬から7月にかけてが見頃。3. 三千院の入り口である御殿門と門前の桜。

DATA　☎ 075・744・2531　住 京都府京都市左京区大原来迎院町540　営 9:00〜17:00（11月は8:30〜、12〜2月は9:00〜16:30）　休 なし　料 一般700円　交 叡山電車「八瀬比叡山口」駅からバスで約15分、バス停「大原」から徒歩約10分　駐 なし

藤原期の様式と伝わる
朱塗りの小さな朱雀門は
江戸時代に再建されたもの。

朱雀門をのぞむ有清園。回遊式庭園でスギやヒノキの木々と青苔が美しい。四季の自然も楽しめる。

3

2

五大堂（本堂）。大沢池のほとりにあり、観月台から池の眺望を満喫できる。

皇室ゆかりの門跡寺院

旧嵯峨御所
大本山大覚寺

きゅうさがごしょだいほんざんだいかくじ

　平安時代初期、嵯峨天皇が橘嘉智子（檀林皇后）との結婚に際し、新たに離宮「嵯峨院」を建立した。嵯峨院が大覚寺となったのは、貞観18（876）年。嵯峨天皇の皇孫である恒寂入道親王を開山として開創した。以来、明治時代初頭まで、天皇もしくは皇族が門跡（住職）を務めた格式高い門跡寺院である。

　『源氏物語』では、光源氏の出家や死は明確に描かれていない。光源氏の死後を描く宇治十帖の「宿木」では、出家した光源氏が嵯峨院で晩年を過ごしたことが、息子である薫によって語られる。

1. 江戸時代、後水尾（ごみずのお）天皇より下賜された宸殿（しんでん）。寝殿造の建物。
2. 心経前殿（しんぎょうぜんでん）。大正天皇の即位の際に建てられた饗宴殿（きょうえんでん）を移築したもの。3. 大沢池は日本最古の人工の林泉で、国指定名勝。

DATA ☎ 075・871・0071 住 京都府京都市右京区嵯峨大沢町4 営 9:00～17:00（最終受付16:30） 休 なし 料 一般500円（大沢池エリアは一般300円） 交 JR「嵯峨嵐山」駅からバスで約6分、バス停「大覚寺」からすぐ 駐 あり（有料）

大沢池のほとりには、
百人一首の和歌にも詠まれた
「名古曽の滝跡」など
見どころが多い。

国宝殿は3000を超える文化財を所蔵

春日大社

かすがたいしゃ

藤の見頃は
4月下旬〜5月上旬。
境内の萬葉植物園には
「藤の園」もある。

創建は奈良時代の神護景雲2（768）年。神山である御蓋山（春日山）の麓に、称徳天皇の勅命により御本社（大宮）などが造営されたのが始まりと伝わる。平安時代の長承4（1135）年には御本社の南側に若宮が創建された。国宝の御本殿4棟を含む摂社・末社はすべて20年に一度、「式年造替」が行われる。60回（1200年）を超えるのは伊勢神宮と春日大社のみだという。主祭神4柱の神々は藤原氏の氏神、祖先神でもある。『源氏物語』「紅梅」には、紅梅大納言が娘である大君を東宮へ入内させたいと考え、春日の神に祈念する描写がある。

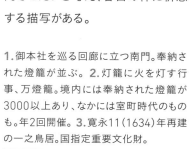

1.御本社を巡る回廊に立つ南門。奉納された燈籠が並ぶ。2.灯籠に火を灯す行事、万燈籠。境内には奉納された燈籠が3000以上あり、なかには室町時代のものも。年2回開催。3.寛永11（1634）年再建の一之鳥居。国指定重要文化財。

DATA ☎ 0742・22・7788 住 奈良県奈良市春日野町160 営 6:30〜17:30（11〜2月は7:00〜17:00、授与所は9:00〜）休 なし 料 境内無料 交 JR「奈良」駅からバスで約15分、バス停「春日大社本殿」からすぐ 駐 あり（有料）

国指定重要文化財の中門・御廊。御本殿の前にある楼門だ。

宇治十帖の舞台

物語最後の十帖は、宇治が舞台。光源氏は既に亡く、不義の息子・薫と、孫で良きライバルの匂宮、彼らに翻弄される浮舟ら女性たちの姿が描かれる。宇治川のほとりを歩けば、名場面が見えてきそう。

🏯 京都府宇治市

歴史風情が漂う宇治川に浮かぶ公園

宇治公園

うじこうえん

　宇治川の中州に浮かぶ塔の島と橘島、川の左岸にあるよりみち公園からなる憩いの場。2つの島は総称して「中の島」とも呼ばれている。宇治川の両岸とは橋で結ばれ回遊できるようになっており、歴史と自然を感じる散歩道として多くの人々に親しまれている。

　平安時代の宇治は、風光明媚な別荘地だったが、現在の宇治公園一帯も美しい景観を誇る。『源氏物語』「浮舟」では、宇治川を渡る匂宮と浮舟が、橘の小島に小舟を停めて歌を詠み合う。島の場所は分かっていないものの、中の島ではその風情が感じられる。

塔の島に立つ約15mの石塔は、鎌倉時代後期に建立。洪水で埋もれ、その後再建された。

DATA ☎0774・23・3353（宇治市観光協会）住京都府宇治市宇治 営休料見学自由 交JR「宇治」駅から徒歩約15分 Ｐなし

※写真提供：宇治市観光協会

1.堤防沿いは桜の名所として有名。乗船場になっている喜撰（きせん）橋付近に屋形船が並ぶ。2.朝霧橋から眺める紅葉も見事。秋には茶まつりが行われる。

平安時代の面影が残る古社

宇治上神社

うじかみじんじゃ

　宇治市槇島地区の氏神で、菟道稚郎子（うじの わきいらっこ）、応神天皇、仁徳天皇を祀る。永承7（1052）年に平等院が創建された後は鎮守社として栄えた。宇治神社と二社一体で「宇治離宮明神」と称され、明治時代に分離。日本最古の神社建築である本殿と、現存する最古の拝殿が国宝。世界遺産にも登録された。

　『源氏物語』では、光源氏の異母弟・八の宮と娘たちが隠棲する山荘のモデルとされる。なお宇治川を挟んだ対岸の平等院は、薫が立ち寄る夕霧の別荘と目され、華やかな光源氏一族と憂いの多い八の宮一族の対比が、川を境に描かれている。

1. 鎌倉時代初期の拝殿（国宝）は寝殿造の要素が各所に見られ、中世住宅の趣を持つ。2. 宇治上神社は平成6（1994）年、世界文化遺産に登録された「古都京都の文化財」の構成資産。3. 秋は紅葉のトンネルが参道を彩る。

DATA ☎ 0774・21・4634 🏠 京都府宇治市宇治山田59 🕘 9:00〜16:20 🈳 なし 💴 境内無料 🚃 京阪電車「宇治」駅から徒歩約10分 🅿 あり

※写真提供：宇治市観光協会

平安時代後期造営の本殿。覆屋（おおいや）の中に内殿3棟が並ぶ特殊な形式。

京都府宇治市

市内の古跡をめぐって宇治十帖の世界を体感

宇治十帖古跡とモニュメント

うじじゅうじょうこせきとともにゅめんと

『源氏物語』最後の十帖の舞台として知られている宇治市内には、それぞれの帖にちなんだ10の石碑が点在している。かつて宇治橋にあった、橋の守護神である橋姫（瀬織津比咩）を祀る橋姫神社には「橋姫」の碑、浮舟の念持仏とされる浮舟観音を祀る三室戸寺には「浮舟」の碑が立つ。古跡は江戸時代にはすでにあったと考えられ、洪水や工事などによって移設されたものも。朝霧橋のたもとには、これらの石碑を象徴する宇治十帖モニュメントが設置されている。古跡とモニュメントをめぐり、『源氏物語』の世界に触れよう。

1.宇治十帖モニュメント。浮舟と匂宮が小舟で橘の小島へ向かう場面を表現している。後ろの屏風は「橋姫」がモチーフ。2.宇治川に架かる朝霧橋。宇治橋より上流に位置する。

DATA ☎ 0774・23・3353（宇治市観光協会）🏠 京都府宇治市宇治又振（宇治十帖モニュメント）🕐 見学自由 🈚 なし 🉐 なし 🚃 京阪電車「宇治」駅から徒歩約8分 🅿 なし

宇治十帖古跡めぐり

45帖 橋姫
はしひめ

橋姫神社内にある。橋姫は橋の守り神としてだけでなく、縁切りの神様としても知られる。

📍 宇治市宇治蓮華

47帖 総角
あげまき

宇治市源氏物語ミュージアム（P.100）と宇治上神社（P.94）の間にある。

📍 宇治市宇治紅斉

46帖 椎本
しいがもと

椎本の古跡とされる、彼方（おちかた）神社の脇に「椎本之古蹟」が立つ。現在の祭神は諏訪明神。

📍 宇治市宇治乙方

49帖 宿木
やどりぎ

江戸時代には宇治川上流の白川地区にあったとされるが、1994年に現在の位置に移設。

📍 宇治市宇治塔川

48帖 早蕨
さわらび

宇治川岸から宇治市源氏物語ミュージアム（P.100）へ続く石畳の道「さわらびの道」に面してある。

📍 宇治市宇治山田

写真協力：宇治市

宇治十帖古跡めぐり

52帖 蜻蛉
（かげろう）

平安時代の線刻阿弥陀三尊石仏が古跡。一帯は「かげろう野」という原野だったとされる。

🏠 宇治市莵道大垣内

54帖 夢浮橋
（ゆめのうきはし）

宇治橋西詰の夢浮橋広場にある小さな石碑。後ろには、紫式部像が設置されている。

🏠 宇治市宇治蓮華

50帖 東屋
（あずまや）

京阪宇治駅のすぐ近くに位置。鎌倉時代につくられた東屋観音と呼ばれる石仏が古跡。

🏠 宇治市宇治乙方

51帖 浮舟
（うきふね）

奈良時代に創建された三室戸寺の鐘楼の脇、植え込みの中にひっそりたたずむ。

🏠 宇治市莵道滋賀谷

53帖 手習
（てならい）

府道京都宇治線の歩道上、木の下に立つ。浮舟が大木の下で僧に助けられた場面を思わせる。

🏠 宇治市莵道田中

1

2

1. 平成8(1996)年に架け替えられた現在の宇治橋。上流に張り出した「三の間」やヒノキの高欄、青銅製の擬宝珠（ぎぼし）など、木橋の意匠を継承。**2.** 宇治橋西詰「夢浮橋広場」にある紫式部の石像。建立は平成15(2003)年。

DATA ☎ 0774・23・3353（宇治市観光協会）🏠 京都府宇治市宇治 🕐🈺🉐 見学自由 🚃 京阪電車「宇治」駅から徒歩約3分 🅿 なし
※写真提供：宇治市観光協会

宇治十帖で描かれる日本三古橋

宇治橋

うじばし

　日本三古橋の一つとして知られる。大化2 (646)年に元興寺（奈良県）の僧・道登により架橋されたと伝わる。洪水による流失と再建を繰り返し、意匠が継承されてきた。『源氏物語』の宇治十帖には、薫と匂宮、2人の愛に翻弄される浮舟の悲劇を暗示するかのように、川霧に煙る宇治川や朽ちそうな宇治橋が登場。「浮舟」では、薫は末長い愛を、浮舟は2人の関係の危うさを橋に例えて歌にする。浮舟が匂宮と小舟で漕ぎ出すのも、苦しみの果てに入水するのも宇治川だ。

『源氏物語』を多角的に学ぶ

宇治市源氏物語ミュージアム

うじしげんじものがたりみゅーじあむ

『源氏物語』の世界に迫る、唯一の博物館。『源氏物語』や宇治十帖について映像やナレーションで学べるほか、実物大に復元した牛車や調度品の展示、鮮やかな衣装の人形とともに寝殿造の屋敷を再現したコーナーなど、当時の文化にも触れられる。光源氏と女君たちが暮らした六条院の復元模型も見事だ。

　ミュージアムのオリジナルアニメ『GENJI FANTASY ネコが光源氏に恋をした』に関連して、光源氏、紫式部、藤原道長たちをデザインしたグッズも販売している。

「垣間見」という当時の恋愛事情を疑似体験できる、「平安の間」。

1. 宇治十帖のあらすじが学べる「宇治の間」は、室内全体がシアターのよう。**2.** 全54帖のダイジェスト版ともいえる「早わかり源氏物語」など、「物語の間」には初心者も楽しめる展示がたくさん。**3.** 平成10（1998）年に開館。

DATA ☎ 0774・39・9300 🏠 京都府宇治市宇治東内45-26 🕐 9:00〜17:00 休 月（祝日の場合は翌日）、年末年始 料 一般600円 交 京阪電車「宇治」駅から徒歩約8分 P あり（有料）

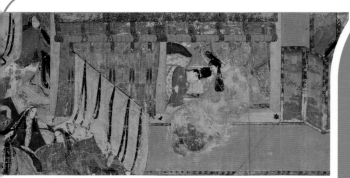
国宝 源氏物語絵巻　蓬生・柏木(二)（徳川美術館蔵）

絵 画のモチーフとして『源氏物語』を描いたものを「源氏絵」という。11世紀初頭、原文が成立してまもなく絵画化が始まったとされ、以降、屏風や扇子、工芸品、浮世絵など多くの形態で題材に用いられてきた。

国宝「源氏物語絵巻」は、12世紀前半に宮廷内で製作されたとみられる現存最古の源氏絵だ。現在は愛知・徳川美術館に三巻分（十五巻に改装）、東京・五島美術館に一巻分が所蔵されている。

絵は、やまと絵特有の「作り絵」という技法が用いられている。建物の屋根や天井を省き、室内をのぞき込むように描く「吹抜屋台」の構図に、人物の顔は下ぶくれの輪郭に細い線で目と鼻を描く「引目鉤鼻」の画法で表現。物語の本文を書写した詞書は、伝統的な美しい連綿体や、法性寺流の新様の書風など新旧の書の様式が混在している。王朝時代の貴族たちの雅な暮らしぶり、物語の叙情性や人々の心情を見事に伝えている。

※令和6(2024)年は9月22日(日)〜11月4日(月・祝)、秋季特別展「みやびの世界　魅惑の源氏物語」にて公開予定

徳川美術館
とくがわびじゅつかん

🏛 ミュージアム

徳川家康の遺品を中心に、尾張徳川家に受け継がれてきた「大名道具」を所蔵・展示する。絵画や刀剣など貴重な名品が多数。国宝「源氏物語絵巻」は毎年11月下旬に数場面を選んで特別公開する（※）。

DATA ☎ 052・935・6262 🏠 愛知県名古屋市東区徳川町1017 🕐 10：00〜17：00（最終入館16：30）休 月（祝日の場合は翌平日）🎫 一般1600円 🚃 JR「大曽根」駅から徒歩約10分 🅿 あり

その他の
ゆかりの地

紫式部と同時期を生きた
藤原道長、清少納言、和泉式部。
京都に残る彼らのゆかりの地をピックアップ。
平安時代の面影を感じられるスポットに
さあ、今すぐ出かけよう!

藤原道長

娘を次々入内させ、権力を握った道長は、
浄土教をあつく信仰したことでも知られる。
住居跡や法成寺跡などを訪ねて、
その息吹を感じよう。

京都府宇治市

藤原一族の栄華を物語る華美な仏寺

平等院

びょうどういん

　もとは宇治川の西岸にあった源重信の別荘を藤原道長が譲り受
け、息子の頼通が永承7(1052)年に寺に改め創建した。

　見どころは阿弥陀堂。正面からの姿が、両翼と尾羽を広げた鳳凰
のように見えることや、屋根に一対の鳳凰が据えられていることか
ら「鳳凰堂」と呼ばれている。平安時代に隆盛を誇った藤原一族の、
その繁栄ぶりが感じられる貴重な遺構だ。堂内に安置されている仏
師・定朝作の阿弥陀如来像をはじめ、天蓋や壁扉画など、鳳凰堂の
中だけでも約70点もの国宝がある。

浄土庭園の様式を用いた平等院の庭園。池に囲まれて立つ鳳凰堂は庭園の中心的存在。　　　©平等院

©平等院

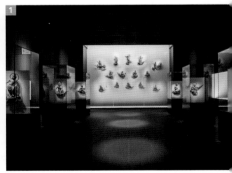

©平等院

DATA ☎0774・21・2861 🏠京都府宇治市宇治蓮華116 🕐8:30〜17:30(鳳凰堂内部拝観は9:30〜16:10) 🈳なし 💰一般600円(鳳凰堂内部拝観は300円) 🚃JR「宇治」駅、または京阪電車「宇治」駅から徒歩約10分 🅿宇治駐車場(有料)利用

1. 国宝の雲中供養菩薩像は、全52体のうち半数が寺内のミュージアムに収蔵されている。
2. 平氏軍に追われた源頼政は、扇の芝で辞世の句を詠み、自害したとされる。

105

『紫式部日記』に記された中宮・彰子の出産も土御門第で行われた。

風雅な住まいを公園に再生

京都御苑

きょうとぎょえん

　江戸時代に140以上の宮家や公家の邸宅が立ち並ぶ公家屋敷街だった地。明治維新後に都が京都から東京へ移り、邸宅を取り払って樹木などを植え、公園として整備された。約1km²の広大な敷地に京都御所（P.50）や迎賓館のほか、公家が社交場として利用した建物や邸宅跡など、歴史的遺構が点在している。

　現在の京都大宮・京都仙洞御所の北側は、藤原道長の邸宅、土御門第があった場所。「この世をば」で始まる道長の和歌「望月の歌」は、道長の三女・威子が後一条天皇の皇后になったことを祝う、土御門第での宴席で詠まれたものだ。

1. 江戸時代後期に茶室として建てられた拾翠亭（しゅうすいてい）。毎週木～土曜に一般公開されている。2. 人工的に整備された100mほどの出水の小川。3. 蛤御門（はまぐりごもん）近くの桃林は見事。見頃は3月中旬～4月上旬。

DATA ☎ 075・211・6348 🏠 京都府京都市上京区京都御苑3 営休料 見学自由 🚃 京都市営地下鉄「丸太町」駅から徒歩約5分 🅿 あり（有料）

※写真提供：環境省京都御苑管理事務所

紅葉が美しい土御門第跡。この辺
りは、格式の高い土地だった。

1. 本尊の不動明王坐像は木造坐像としては日本一の高さ（2m65cm）で国指定重要文化財。11月上旬〜12月上旬の特別拝観時の御開帳で拝顔できる。
2. 同聚院は五大堂を本堂として建立されている。

DATA ☎ 075・561・8821 **住** 京都府京都市東山区本町15-799 **営** 9:00〜16:00 **休** 不定休（要問い合わせ） **料** 境内無料 **交** JR・京阪電車「東福寺」駅から徒歩約8分 **駐** なし

道長がつくらせた不動明王坐像

五大堂同聚院

ごだいどうどうじゅいん

臨済宗大本山東福寺の塔頭寺院。寛弘3（1006）年、藤原道長が天台宗法性寺の境内に五大明王を安置する五大堂を建立した。兵火で焼失したが、火災から逃れた不動明王を安置するために、弘安3（1280）年東福寺開山の聖一国師によって五大堂が再建された。現在の五大堂は正徳4（1714）年に再興されたもの。モルガン財閥に嫁いだモルガンお雪の墓があり、働く女性の守り本尊としても有名。境内にはモルガンお雪の三回忌の際にフランスから贈られた白いバラが咲く。

「従是東北法成寺址」の石碑。京都府立鴨沂（おうき）高校グラウンド南側の塀に立っている。平安京外の東一帯に位置することから「北東院」と呼ばれる。

京都御苑（P.106）
寺町御門から
徒歩2分の場所にあります。
土御門第跡と併せて
立ち寄ってみては？

藤原道長

DATA 🚫なし 🏠京都府京都市上京区荒神口通寺町通東入ル北側 🏛休料見学自由 🚃京阪電車「神宮丸太町」駅から徒歩約10分 🅿なし

道長の阿弥陀堂信仰により創建

法成寺跡

ほうじょうじあと

寛仁3（1019）年、藤原道長が出家した際、阿弥陀堂（無量寿院）の建立を発願。翌年に落慶供養した。その後約10年間で金堂、薬師堂、釈迦堂、五重塔などが造営され、平安時代中期に最も栄えた寺院の一つとなった。万寿4（1027）年、道長は、自らの栄華を象徴するこの寺の阿弥陀堂で生涯を閉じたと伝わる。何度も火災や地震に遭い、息子の頼通、孫の師実によって再建されたが、鎌倉時代末期に廃絶。境内推定地からは、法成寺のものとみられる建物の礎石が出土している。

清少納言

中宮・定子に仕えながら『枕草子』を執筆した清少納言。晩年は定子の墓にも近い東山月輪で暮らしたと伝わる。京の町を歩いて、清少納言が感じた「いとをかし」を探してみよう。

京都府京都市

清少納言が晩年を過ごした地に立つ

泉涌寺

せんにゅうじ

　真言宗泉涌寺派の総本山。建保6(1218)年に、月輪大師が鎌倉時代の武将・宇都宮信房より当地の寄進を受けて開創した。その際、寺地の一角から清泉が湧出したことが寺号の由来であり、泉は今も湧き続けている。第87代四条天皇以来14代の天皇陵があるなど、皇室との関係が深いことから「御寺」とも呼ばれている。

　同寺が立つ月輪地区は、清少納言の父・清原元輔の邸宅があったといわれる場所であり、清少納言が晩年に隠棲したとされる地。境内には清少納言の供養塔と歌碑が立っている。

寛文8(1668)年に4代将軍・徳川家綱によって再建された仏殿。

DATA ☎075・561・1551 **住**京都府京都市東山区泉涌寺山内町27 **営**9:00〜17:00(12〜2月は16:30) **休**なし **料**一般500円 **交**JR・京阪電車「東福寺」駅から徒歩約20分 **駐**あり

1. 清少納言歌碑。小倉百人一首に編さんされている「夜をこめて」で始まる歌が刻まれている。2. 文化15(1818)年に造営された御座所の南に広がる庭園。

京都市中心部で10回火災に遭うも、そのたび復興再建されてきた。

清少納言が出家した女人往生の寺

誓願寺

せいがんじ

　京都の新京極通にある浄土宗西山深草派の総本山。天智天皇6（667）年、天智天皇の勅願により奈良に創建。初めは三論宗、後に法相宗に転派し、12世紀に浄土宗へ改宗した。天正19（1591）年に豊臣秀吉の命で現在地に移転。焼失と復興を繰り返し、街中の信仰の場として親しまれてきた。『醒睡笑』を著した江戸時代の住職・安楽庵策伝は落語の祖とされ、芸道上達のご利益でも知られている。

　紫式部と同時代に活躍した作家の清少納言と和泉式部はこの寺で出家。念仏して極楽往生を遂げた「女人往生の寺」としても有名だ。

1. 現在の本堂は昭和39（1964）年建立。2. 本尊は石清水八幡宮（P.76）より遷座した阿弥陀如来像。3. 芸道上達を祈願し、扇子を奉納する扇塚。和泉式部が歌舞の菩薩となって現れる謡曲「誓願寺」にちなみ、芸能関係者からの信仰があつい。

DATA ☎ 075・221・0958 住 京都府京都市中京区新京極桜之町453 営 9:00〜17:00 休なし 料 境内無料 交 阪急電鉄「京都河原町」駅から徒歩約5分 🅿 あり

112

1. 左大文字の火床が間近に見える船岡山山頂（標高112m）。遊歩道や東屋などが整備され、平安貴族が親しんだ散策や京都の眺望を楽しめる。2. 山頂から京都市街を一望。眺望案内板は令和2（2020）年に設置された。

DATA ☎ 075・432・1199（京都市北区役所地域力推進室）🏠 京都府京都市北区紫野北舟岡町 🕐 見学自由 ❌ なし 💴 無料 🚃 京都市営地下鉄「北大路」駅からバスで約7分、バス停「船岡山」からすぐ 🅿 なし
※写真提供：株式会社らくたび

平安貴族が集まった清遊地

船岡山

ふなおかやま

　中腹に織田信長を祀る建勲神社（たけいさお）があり、西北に船岡山公園が広がる。桓武天皇が山頂から山城盆地を見渡し、遷都を決めたとの伝承から「京都始まりの地」といわれる。北方の守護神・玄武になぞらえ、造都の北の起点になったとの説も。平安時代は貴族が若菜摘みなどに興じた清遊の地で、清少納言が『枕草子』で「岡は船岡」とたたえ、歌にも多く詠まれた。一方、西麓の蓮台野（れんだいの）は都の代表的な葬送地で、貴族の火葬塚が残る。戦場となった時代もあり、歴史の光も影も刻まれた山だ。

1. 幕末の動乱を鎮め、維新の礎を築く
ため創建された。蹴鞠の宗家・飛鳥井家
の邸宅跡で、年に2回蹴鞠を奉納。蹴鞠
は面白いとの記述が『枕草子』にある。
2. 手水舎の飛鳥井。

DATA ☎ 075・441・3810 ⓗ 京都府京都
市上京区飛鳥井町261 ⓣ 8:00～17:00
（授与所は～16:30） ⓚ なし ⓜ 境内無料
ⓒ 京都市営地下鉄「今出川」駅から徒歩約
8分 ⓟ あり

清少納言がたたえた名水

白峯神宮

しらみねじんぐう

　明治天皇が慶応4（1868）年に創建。配流地で
崩御した崇徳天皇と淳仁天皇の御霊を祀る。和
歌や蹴鞠（けまり）の公卿宗家・飛鳥井家の邸宅地跡で、同
家の守護神・精大明神を継承。球技や芸能上達の
神様として信仰を集める。手水舎の飛鳥井は清少
納言が『枕草子』につづった9名水の一つ。「水の
冷たさがいい」と謡う催馬楽（さいばら）（平安時代の歌謡曲）
『飛鳥井』の一節が興味深い、との記述もある。9
名水のうち明確に現存し、水が湧き出ているのは
ここだけ。境内に水脈の異なる潜龍井（せんりゅうい）もある。

中宮・彰子に仕えた優れた歌人・和泉式部。
恋多き人生を送り、情熱的な恋歌を多く残している。
晩年は娘・小式部内侍に先立たれて出家した。
彼女の波乱万丈の生涯に思いをはせよう。

京都府京都市

初代住職は和泉式部！ 新京極通に立つ古刹

誠心院

せいしんいん

　万寿4（1027）年、法成寺境内に建立中だった東北院（P.120）の
傍らに、藤原道長が娘の彰子の勧めで建てた「東北院誠心院」が起
源。彰子に仕え、誓願寺（P.112）で出家した和泉式部を初代住職と
した。和泉式部はこの小御堂で六字名号を日夜唱え、往生を遂げ
たという。場所は現在の京都御所（P.50）の東側から移転を経て、天
正年間（1573〜1592年）に現在地へ。境内に和泉式部の歌碑や墓
があり、遺愛の梅「軒端の梅」にちなんだ梅を植栽。本堂に和泉式部
の像を安置し、命日に「和泉式部忌」を行っている。

新京極にある真言宗泉涌寺（せんにゅうじ）派の寺。本堂は大正8（1919）年に再建。

1.山門は平成9（1997）年に再建。両脇に「和泉式部縁起絵巻（江戸時代制作、上下2巻）」の絵画部分をパネル展示。2.和泉式部の墓所とされる高さ4mの宝篋印塔（ほうきょういんとう）が境内に立つ。

DATA ☎075・221・6331 住京都府京都市中京区新京極通六角下ル中筋町487 営7:00〜18:00（御朱印受付は9:00〜17:00）休なし 料境内無料 交阪急電鉄「京都河原町」駅から徒歩約8分 駐なし

和泉式部が
願いを成就させた
貴船神社

きふねじんじゃ

創建の年代は不明だが、社伝によれば、約1300年前にはすでに社殿造替が行われていたという。「きふね」は「氣生根（気の生ずる根源）」と表記する。参拝者が神気に触れることで気が満ちるとされ、諸願成就、縁結び、運気隆昌のご利益があるといわれている。

夫の心変わりに悩んだ和泉式部が貴船神社で願掛けをし、一度離れた夫の心を取り戻したという逸話が伝わる。参詣する際には、奥宮参道の入り口に架かる橋「思ひ川橋」の下を流れる思ひ川で心身を清めたとも。和泉式部を描いた絵馬もあるので、願いを記そう。

1.縁結びで有名な結社。和泉式部が歌を捧げて祈り、願いを成就させて以来「恋の宮」と称されるようになった。2.結社には和泉式部の歌碑も立つ。3.奥宮は貴船神社創建の地。森に囲まれ、神聖で静ひつな空気に包まれている。

DATA ☎075・741・2016 🏠京都府京都市左京区鞍馬貴船町180 🕐6:00〜20:00（12〜4月は〜18:00、授与所は9:00〜17:00）❌なし 💰境内無料 🚃叡山電車「貴船口」駅からバスで約4分、バス停「貴船」から徒歩約5分 🅿あり（有料）

貴船山の麓にある本宮本殿。参拝は、本宮、奥宮、結社を参る。

明和7（1770）年に安津宮（あんつのみや）御所を下賜されたという現在の本堂。

和泉式部が植えた「軒端の梅」で有名

東北院

とうぼくいん

　長元3（1030）年、藤原道長の娘・彰子により建立された天台宗の常行三昧堂。道長が建立した法成寺（P.109）の境内の東北に位置した。現在の京都御苑（P.106）の東にあったが、2度の移転を経て、元禄6（1693）年に現在地に至る。創建以来、焼失・再建を繰り返し、時宗に改宗した。

　東北院の一角に庵を結び（誠心院）、常念仏の日々を送ったのが、出家後の和泉式部。自らが手植えたという「軒端の梅」の後継木が境内にたたずむ。この梅は能の演目「東北」のモチーフで、和泉式部が東北院のありようを語る場面が有名だ。

1. 和泉式部が庭に植え慈しんだ「軒端の梅」の後継といわれる白梅。『和泉式部続集』には梅について詠んだ歌もある。2. 藤原道長（右）と和泉式部の供養塔。3. 藤原道長像を本堂に安置。

DATA ☎ 090・4904・7931 **住** 京都府京都市左京区浄土寺真如町83 **営** 10:00〜16:00 **休** 不定休 **料** 参拝無料（一部施設の拝観は要確認）**交** 京阪電車「神宮丸太町」駅からバスで約8分、バス停「真如堂前」、または「錦林車庫前」から徒歩約8分 **駐** なし

紫式部と和歌の世界

平安時代、コミュニケーションツールの一つだった和歌。紫式部や藤原道長らが詠んだ和歌を紹介する。

和歌の種類は大きく3つ

唱和	贈答歌	独詠歌
3人以上の人物が次々に詠みあげる	男女や友人間のやり取りに用いられる	贈る対象がなくただ一人で詠みあげる

和歌に用いられるテクニック

掛詞	一つの言葉に二つ以上の意味を持たせる技法	「松」と「待つ」、「宇治」と「憂し」、「身を尽くし」と「澪標」など
序詞	特定の言葉を前に置き、掛詞や比喩を導く技法	瀬を早み 岩にせかるる 滝川の われても末に 逢はむとぞ思ふ[※1] 冒頭の12文字が、川の「分かれ」と「別れ」の掛詞「われ」を導く
枕詞	特定の言葉を用いて歌の調子を整える技法	山にかかる「あしひきの」、神にかかる「ちはやふる」、母にかかる「たらちねの」など
縁語	意味上関連する言葉を二つ以上用いる技法	長からむ 心も知らず 黒髪の 乱れて今朝は 物をこそ思へ[※2] 「長からむ」と「乱れて」が髪の縁語

※1：崇徳院／『詞歌集』　※2：待賢門院堀河／『千載集』

平安時代、貴族から庶民まで、和歌はコミュニケーションの手段の一つだった。仕事や恋愛などさまざまなシーンで詠まれ、和歌のセンスはその人自身の評判に関わった。特に貴族にとっては必須の教養とされた。

紫式部も折に触れ和歌を詠んだ。自身で編さんした歌集『紫式部集』には約130首が収められている。少女時代から晩年まで、生涯をたどるようにまとめられ、少女時代の友人とのやり取り、恋愛と結婚、夫との死別、宮仕えの苦悩などが表現されている。友人へ向けた贈答歌が多いのも特徴だ。

『源氏物語』には約800首の和歌が登場する。当然ながら紫式部の作だが、和歌の内容だけでなく、和歌の贈答で主導権を握る六条御息所（ろくじょうのみやすどころ）、和歌が下手な花散里（はなちるさと）など、人物によって作風を変えることでも個性を表現している。王朝文学では必ず和歌が詠まれるが、『源氏物語』の作中歌は特に高く評価されている。

紫式部

めぐりあひて　見しやそれとも　わかぬまに

雲がくれにし　よはの月かな

※『紫式部集』

訳　久しぶりに会ったのに、それがあなたなのかも分からないうちに、夜中の月が雲に隠れるように慌ただしく帰ってしまいました。

解説　『紫式部集』の冒頭に置かれた有名な一首で、小倉百人一首にも収められている。久しぶりに会った友人に向けて詠んだ贈答歌。

くれなゐの　涙ぞいとど　うとまるる

うつる心の　色に見ゆれば

※『紫式部集』

訳　紅の涙なんて、一層嫌になってしまいます。移ろいやすいあなたの心の色に見えますので。

解説　後に夫となる藤原宣孝を思って流した血の涙です」と朱がこぼされた手紙が届き、その返事に詠んだ歌。宣孝とは和歌のやり取りを通じて仲を深めたという。

人にまだ　をられぬものを　誰かこの

すきものぞとは　口ならしけむ

※『紫式部集』

訳　まだ誰にも口説かれたことなどありませんのに、誰が浮気者だなんて言いふらしたのでしょう。

解説　『紫式部日記』にも載る一首。藤原道長から『源氏物語』の作者のあなたは色好みだと有名だから、口説かない男はいないだろう」と歌を贈られ返した歌。

藤原道長

この世をば　我が世とぞ思ふ　望月の

欠けたる事も　なしと思へば

※『小右記』

訳　この世はわたしのための世だと思う。満月に欠けるものがないように、すべて満足にそろっている。

解説　三女・威子を後一条天皇に入内させた祝宴で、満月を見ながら詠んだ「望月の歌」。この時点で3人の娘を入内させ、栄華の頂点に立っていた。

清少納言

夜をこめて　鳥の空音は　はかるとも

よに逢坂の　関はゆるさじ

※『後拾遺集』

訳　まだ夜が明けないうちに、鳥の鳴きまねで人をだまそうとしても、この逢坂の関は決して開きませんよ。

解説　藤原行成に向けて詠んだ歌。清少納言のもとからすぐに帰ってしまい、翌朝「鳥の鳴き声に急かされてしまって」と言い訳の手紙をよこした行成に、そう簡単に会わないと告げている。

和泉式部

あらざらむ　この世のほかの　思ひ出に

いまひとたびの　逢ふこともがな

※『後拾遺集』

訳　わたしはもうすぐこの世を去るでしょう。あの世への思い出に、せめてもう一度お会いしたいものです。

解説　病気で伏している時に、恋い慕う相手に向け詠んだ歌。相手が誰なのかは分かっていない。恋多き人生を歩んだ和泉式部は恋歌の名人だった。

京都市マップ

上賀茂神社 P24
宝ヶ池
京菓子司 京橋総本店 P29
北山駅　松ヶ崎駅
北山通
左京区役所　367　修学院駅
京都府立植物園
北大路駅
大徳寺　北大路通
真珠庵 P21
叡山電鉄本線
一乗寺駅
金閣寺　船岡山 P114
北区役所
下鴨神社 P60
茶山駅
紫式部墓所 P23
左京区
sakyo
雲林院 P20　鞍馬口駅
地下鉄烏丸線
引接寺 P22
上京区
kamigyo
紅の森 P62
白川通
元田中駅
西大路通
白峯神宮 P115
上京区役所
今出川通
銀閣寺
北野天満宮
白梅町駅
今出川駅
出町柳駅
蘆山寺 P16
法然院
千本通
堀川通
梨木神社 P54
京阪鴨東線
東北院 P120
大文字山
古典の日記念
京都市平安京創生館 P26
京都府庁
京都御所 P50
鴨川
東大路通
金戒光明寺
円町駅
丸太町通
京都御苑 P106
法成寺跡 P109
象彦 京都寺町本店 P29
中京区
nakagyo
二条城
丸太町駅
河原町通
神宮丸太町駅
平安神宮
永観堂（禅林寺）
御池通
二条城前駅
二条駅
烏丸御池駅
京都市役所
三条京阪駅　東山駅
南禅寺
中京区役所
京都市役所前駅
三条駅
蹴上駅
香老舗 松栄堂
京都本店 P28　367
誓願寺 P112
地下鉄東西線
阪急京都線
西院駅
烏丸駅　四条駅
祇園四条駅
八坂神社
鷲峰山
高台寺
JR山陰本線
四条大宮駅
河原町駅
京阪本線
建仁寺
9
白竹堂 京都本店 P28
丹波口駅
下京区
shimogyo
五条通
誠心院 P116
清水五条駅
東山区役所
清水寺 P56
西本願寺　東本願寺
渉成園 P52
七条駅
清水寺 P56
山科駅
七条通
下京区役所
京都水族館
京都タワー
JR東海道本線
1
西大路駅
東海道新幹線
京都駅
東山区
higashiyama
東海道新幹線
京都東IC↑
東寺　東寺駅
東福寺駅
九条駅
泉涌寺 P110
近鉄京都線
五大堂 同聚院 P108
東福寺
南区役所
鴨川東出入口
JR奈良線
山科出入口
南区
minami
1
鴨川西出入口
阪神高速8号京都線
山科区
yamashina
伏見稲荷駅
伏見稲荷大社
N
稲荷駅
24
宝塔寺 P80
0　1.5km
京都南IC↓

岩戸落葉神社 P84

3km

嵐山高雄パークウェイ

嵯峨嵐山駅

八幡市 yawata

桂川
京滋バイパス
久御山淀IC
石清水八幡宮駅
木津川御幸橋
京阪本線
参道ケーブル
石清水八幡宮 P76
木津川

500m

貴船神社 P118

鞍馬山

鞍馬寺 P58

鞍馬駅
鞍馬山鋼索鉄道

叡山電鉄鞍馬線

貴船口駅

38

361

700m

大原バス停
音無の滝 P85
勝林院
来迎院
三千院 P86

367

↓JR京都駅

350m

北区 kita

右京区 ukyo

162

龍安寺

総本山仁和寺 P82

きぬかけの路

旧嵯峨御所
大本山大覚寺 P88

広沢池

御室仁和寺駅

龍安寺駅

清凉寺 P63

京福北野線

野宮神社 P64

嵯峨嵐山駅

丸太町通

JR山陰本線

太秦駅

太秦映画村

花園駅

臨済宗大本山 天龍寺

撮影所前駅

帷子ノ辻駅

太秦天神川駅

地下鉄東西線

宇治市 uji

渡月橋

嵐電嵐山駅

阪急嵐山駅

阪急嵐山線

桂川

太秦広隆寺駅

右京区役所

京福嵐山駅

四条通

宇治東IC

JR奈良線

三室戸寺

浮舟の古跡

三室戸駅

京阪宇治線

手習の古跡

蜻蛉の古跡

三室戸小

椎本の古跡
（彼方神社）

宇治橋 P99

宇治駅

夢浮橋の古跡

東屋の古跡
（東屋観音）

宇治市源氏物語ミュージアム P100

総角の古跡

さわらびの道

宇治上神社 P94

宇治駅

表参道
平等院

早蕨の古跡

宇治十帖モニュメント P96

橋姫の古跡
（橋姫神社）

平等院 P104

宿木の古跡

宇治公園 P92

300m

松尾大社駅

西京極運動公園

西大橋

西京極駅

上桂駅

上桂橋

山陰道

桂大橋

9

桂駅

171

沓掛IC

京都縦貫自動車道

桂川駅

阪急京都線

JR東海道本線

大野原IC

大原野神社 P18

洛西口駅

久世橋

↓新大阪駅

I N D E X さくいん

参 考 文 献

主な参考文献

『紫式部日記 現代語訳付き』紫式部、山本淳子訳注（角川ソフィア文庫）／『新潮日本古典集成 紫式部日記 紫式部集』山本利達校注（新潮社）／『紫式部と平安の都』倉本一宏（吉川弘文館）／『眠れなくなるほど面白い 図解 源氏物語』高木和子監修（日本文芸社）／『図解でスッと頭に入る紫式部と源氏物語』竹内正彦監修（昭文社）／『源氏物語五十四帖を歩く』朧谷壽（JTBキャンブックス）／『源氏物語を行く』秋山虔、中田昭（小学館）／『源氏物語解剖図鑑』佐藤晃子（エクスナレッジ）／『京都を古地図で歩く本』ロム・インターナショナル編（河出書房新社）／『ビジュアルでつかむ！古典文学の作家たち 紫式部と源氏物語』川村裕子監修（ほるぷ出版）／『2時間でおさらいできる源氏物語』竹内正彦（大和書房）／『深掘り！ 紫式部と源氏物語』中野幸一（勉誠社）／『『源氏物語』を旅しよう』瀬戸内寂聴（講談社文庫）／『源氏物語を歩く』京都新聞社編（光風社出版）／『ときめき百人一首』小池昌代（河出書房新社）／「『源氏物語』の落葉宮はどの「小野」に移り住んだか －岩戸落葉神社と三つの「小野」－」中川照将（中央大学）／「『源氏物語』「宇治」の女君たち －＜橋姫＞変奏譚として－」磯部一美（愛知淑徳大学）／「紫式部越前への旅：紫式部集をめぐって」久保田孝男（同志社大学国文学会）／『ビジュアルワイド 平安大辞典 図解でわかる「源氏物語」の世界』倉田実（朝日新聞出版）／広報おおつ2023年7月15日号／中日新聞2023年10月12日

主な参考ホームページ

各施設・各府県・各市町のオフィシャルホームページ／京都の文化遺産／三井寺文化遺産ミュージアム／法華宗真門流／文化遺産データベース／京都府「平成の宇治橋」／（観光庁）地域観光資源の多言語解説文データベース／Public Relations Office of the Government of Japan オンライン・マガジン HIGHLIGHTING JAPAN ／崇福寺 住職・稲吉満了 師 法話「総本山誓願寺創建と法然上人」／建勲神社／京都市情報館／御所東（京都市パンフレット）

紫野54 チーム月影

友達と十二単衣を着て、記念に写真撮ってみたい／短歌を詠みたくなった／部屋の電気を消して、お月見を楽しみたい／いつか葵祭や祇園祭を見に行きたい／「源氏物語絵巻」、紫式部が描かれた2000円札が急に欲しくなる／冬の越前で和菓子めぐり。水ようかんが食べたい／懐かしくなって、氷室冴子先生の「なんて素敵にジャパネスク」をまた読み始めた

編集	株式会社ムーブ（小室茉穂、下坂真由美、増田留奈）
執筆	株式会社ムーブ（小室茉穂、下坂真由美）、角田真弓、阿部真奈美、菊地裕子
デザイン	高田正基（valium design market inc.）
イラスト	さとうただし
写真提供	関係各施設／各市観光課・観光協会／国立国会図書館／ColBase／PIXTA
地図	後藤和則

体感スポットガイド

平安時代ツアー
紫式部と源氏物語
ゆかりの地をめぐる

第1刷　2023年12月19日

編	紫野54 チーム月影
発行者	菊地克英
発行	株式会社東京ニュース通信社 〒104-6224 東京都中央区晴海1-8-12 TEL 03-6367-8023
発売	株式会社講談社 〒112-8001 東京都文京区音羽2-12-21 TEL 03-5395-3606
印刷・製本	株式会社シナノ